INTERKULTURELLE BEGEGNUNGEN 33

Studien zum Literatur- und Kulturtransfer

Hrsg. von Rita Unfer Lukoschik
und Michael Dallapiazza

Zu Qualitätssicherung und Peer Review
der vorliegenden Publikation

Die Qualität der in dieser Reihe
erscheinenden Arbeiten wird vor der
Publikation durch beide Herausgeber der
Reihe geprüft.

Notes on the quality assurance and
peer review of this publication

Prior to publication, the quality of
the work published in this series is
reviewed by both editors of
the series.

Nataša Raschi

Dynamiques de la langue française en Afrique subsaharienne

PETER LANG

Berlin · Bruxelles · Chennai · Lausanne · New York · Oxford

Informations bibliographiques publiées par la Deutsche Nationalbibliothek
La Deutsche Nationalbibliothek répertorie cette publication dans la Deutsche Nationalbibliografie ; des données bibliographiques détaillées sont disponibles en ligne à l'adresse suivante : http://dnb.d-nb.de.

Couverture
BeAnna, *Zakpa… La mémoire*, 2019, technique mixte, cm 50×70
FB : BeAnnart - Instagram : Be_annart

Ce volume a été publié grâce au soutien financier de :
Università degli Studi di Urbino Carlo Bo – Dipartimento di Scienze della Comunicazione, Studi Umanistici e Internazionali (DISCUI)

ISSN 2195-1160
ISBN 978-3-631-93876-8 (Print)
ISBN 978-3-631-93864-5 (ePDF)
ISBN 978-3-631-93877-5 (ePUB)
DOI 10.3726/b22960

Cette publication a été évaluée par des pairs.

www.peterlang.com

Tu marches sur ce chemin
Où tu es venu si souvent

Bernard Mouralis, *Le chemin* (2025)

Table des matières

Remerciements 9

Préfaces 11

    Germain-Arsène Kadi, *Regards d'Afrique* 11

    Ozouf Sénamin Amedegnato, *Regards du Canada* 20

Introduction : Cibler les dynamiques : le déclic du voyage............. 25

Chapitre I : Du français métissé : le nouchi ivoirien dans
les paroles de la musique rap.. 31

Chapitre II : Du français anglicisé, ou l'exemple
du camfranglais au Cameroun.. 45

Chapitre III : Du français « silencé » : les lieux de mémoire
au Rwanda entre la difficile recherche d'une harmonie
et l'énigme des destinataires... 55

Chapitre IV : Du français enrichi, ou ce que les langues
africaines ont apporté au français de France 73

Conclusion : Nouvelles perspectives................................... 89

Postface
Antonella Negri, *De quelques idées pour continuer le voyage* 93

Bibliographie.. 97

Dictionnaires.. 109

Discographie 111

Index des noms... 113

Remerciements

Ce volume doit beaucoup à celles et à ceux qui m'ont aidé à le porter et qui ont participé de manière active à cette belle aventure de recherche.

Je remercie Margherita Amatulli, Ozouf Sénamin Amedegnato, Anna Bettati, Octave Clément Deho, Jean-Paul Dufiet, Pier Paolo Guidi, Germain-Arsène Kadi, Bernard Mouralis, Antonella Negri et Mireille Revol Cappelletti, pour leurs lectures critiques, les discussions enrichissantes, le partage bénéfique et surtout parce que ce livre n'existerait pas sans des personnes si attentives, généreuses et battantes.

Je dédie cette œuvre à ma famille dont j'admire les racines profondes et les ailes immenses, et plus spécialement à mes filles, Gioia et Luce, pour leur force prodigieuse.

Préfaces
Regards d'Afrique
Germain-Arsène Kadi

Le nouchi a pris une importance considérable en Côte d'Ivoire en tant que marqueur de l'identité et de l'unité nationale dans un pays en crise depuis plus de trente ans et miné par des rivalités politiques aiguisées dans des jeux d'alliances éphémères. Dans ce pays fragmenté, l'émission culturelle *Bonjour la Côte d'Ivoire* enregistrée dans l'une des plus grandes salles de spectacle de la capitale économique Abidjan et diffusée sur les antennes de la télévision nationale le jour de la Saint-Sylvestre apparaît comme un rare moment de concorde nationale autour de la culture dont les deux ferments sont l'humour et le nouchi. Ces dernières années, les plus hautes autorités de la République telles le Premier Ministre Robert Beugré Mambé, la présidente du Sénat Kandia Camara, le ministre d'État, ministre de l'Agriculture Kobenan Kouassi Adjoumani et d'autres membres du gouvernement ont acclamé les prestations aussi abouties les unes que les autres de la nouvelle génération d'humoristes que sont Le Magnific, l'Ambassadeur Agalawal, Deperpignan, Boukari, etc. De toutes ces créations mêlant le français conventionnel au nouchi, la prestation de Le Magnific à *Bonjour 2013* marque un tournant tant par sa réussite que par le génie créateur de l'artiste et son art oratoire en nouchi.[1] Cette prestation a consacré le Magnific comme « meilleur humoriste » en Côte d'Ivoire et suscité un net regain de l'humour en nouchi dont Adama Dahico est le précurseur. Au-delà de l'humour, *Bonjour la Côte d'Ivoire* reste à ce jour l'un des espaces de liberté où les artistes dénoncent avec sarcasme les tribulations de la politique nationale.[2]

---

1 « Le Magnific : Bonjour 2013 », in Germain-Arsène Kadi, *Le nouchi de Côte d'Ivoire : dictionnaire et anthologie*, Paris, L'Harmattan, 2017, pp. 215-219.

2 La prestation de L'Ambassadeur Agalawal lors de l'édition de 2025 à la salle d'exposition d'Abidjan en est une éloquente illustration. En effet, dans son préambule, l'humoriste revient sur la victoire de l'équipe nationale de football lors de l'édition de la coupe d'Afrique des nations 2023 organisée par la Côte d'Ivoire. À travers la boutade « Ivoiriens aiment *attacher* » (se moquer en nouchi), il évoque dans une salle hilare la défaite de l'équipe malienne à Bouaké (2-1) dans les ultimes périodes du match après avoir dominé la partie. Il profite ensuite du thème de l'édition 2025 sur la cohésion sociale pour toucher à la question de l'alternance politique en Côte d'Ivoire. Pour ce faire, il

Par ailleurs, au cours de cette année 2013, l'intervention du président Alassane Ouattara en français et en nouchi à l'occasion des travaux de l'Assemblée parlementaire francophone en réaction à la prise de parole du Secrétaire général de l'Organisation Internationale de la Francophonie (OIF) Abdou Diouf entérine une consécration politique du nouchi dont se sont servi à plusieurs reprises les anciens présidents Laurent Gbagbo et Henri Konan Bédié. C'est au regard de l'importance du nouchi dans la communication politique en Côte d'Ivoire qu'en octobre 2020 plusieurs partenaires au développement dont le programme des Nations Unies pour le développement (PNUD) et l'USAID, avec le soutien de personnalités comme Didier Drogba et plusieurs artistes de renom dont Alpha Blondy, lancent le slogan « Élections c'est pas gnaga »[3] (« gnaga », palabre, conflit) pour des élections générales apaisées.

Sur un autre registre, le 28 décembre 2020, à l'occasion de l'anniversaire de son épouse qu'il qualifiait affectueusement de « Biche Royale », Henri Konan Bédié précisait, dans un message posté sur Twitter, « Henriette est une source d'inspiration intarissable, avec une femme d'une telle qualité, on ne peut pas avoir de goumin goumin » (« goumin-goumin », chagrin d'amour).[4]

Le passage du français conventionnel au nouchi est un usage très fréquent chez les locuteurs de la langue française en Côte d'Ivoire, en dépit de leur appartenance à telle ou telle catégorie sociale. C'est une habitude très répandue dans l'usage du français qui témoigne moins de l'incompétence linguistique que de l'affirmation d'une certaine identité culturelle. C'est sans doute pour cette raison et pour mieux adapter son message à ses militants que l'ancien président Laurent Gbagbo, lors d'un rassemblement politique de ses partisans du Parti des peuples africains Côte d'Ivoire (PPA-CI), le 26 janvier 2025 à Abidjan, a qualifié le stock de la dette ivoirienne de « Digba dette ». En nouchi, l'adjectif « Digba » peut être utilisé de

---

se sert de l'image du passage des clients dans une cabine téléphonique (la présidence de la République) pour caricaturer la succession à la tête de la Côte d'Ivoire depuis l'indépendance. Après avoir précisé que le client présent dans la cabine avait promis de ne faire que 5 minutes (dans sa campagne de 2010, le président actuel aurait affirmé n'avoir besoin que d'un seul mandat de 5 ans pour transformer la Côte d'Ivoire) il s'interroge sur la volonté de l'actuel occupant de la cabine sur le point de dépasser 15 minutes : « Ça là, c'est pas pour faire appel illimité qui est arrivé là ? ». Il relance ainsi, dans une salle en extase, le débat sur une quatrième candidature du président Alassane Ouattara à la présidence de la République qui serait tenté par la confiscation du pouvoir, à l'instar de plusieurs chefs d'États africains.

3   « Présidentielle 2020 : appels d'artistes ivoiriens à la caravane *Élection, c'est pas gnaga*, pour un scrutin apaisé », APA News du 12 octobre 2020.

4   https://x.com/MelEssisKouadio/status/1552204255322378245 (consulté le 16/03/2025).

manière dénotée comme « musclé », « gros ». Employé de manière connotée, « Digba dette » renvoie à une « dette colossale ». Pour l'homme politique, la dette ivoirienne, estimée par les spécialistes à plus de 30000 milliards de francs CFA, aurait atteint une proportion inquiétante menaçant l'avenir du pays. Une tonalité qui n'a pas rencontré l'assentiment du ministre Kobénan Kouassi Adjoumani, ministre d'État en charge de l'agriculture et porte-parole du Rassemblement pour la démocratie et la paix (RHDP), le parti au pouvoir. Lors d'un rassemblement de son parti à Yamoussoukro, le 1er février 2025, le ministre a estimé que l'ancien président a usé du terme de « Digba dette » pour « amuser la galerie » avant de faire la précision suivante : « Quand on aborde des sujets aussi importants, il faut être sérieux. Vous ne verrez jamais le président Alassane Ouattara parler ainsi parce qu'il est sérieux à l'image du président Félix Houphouët-Boigny ». Les propos du ministre qui devraient être nuancées eu égard à l'intervention du président Ouattara en nouchi en 2013 ont donné lieu à une explication de l'ancien président, une semaine plus tard. Le 08 février lors d'une réunion publique, Laurent Gbagbo qui a précisé qu'il s'exprimait dans le langage de son peuple s'est voulu pédagogue : « L'autre jour à Adjamé, j'ai utilisé une expression. J'ai dit qu'il y avait une digba dette. J'ai vu quelqu'un à la télévision s'exciter et marquer que ce n'était pas correct de ma part de parler ainsi. Je voudrais dire à cette personne que moi Gbagbo Laurent, j'ai étudié le latin et j'ai étudié le grec et j'ai étudié la racine de la langue française, les racines de la grammaire et les racines du vocabulaire. Si cette personne vit assez longtemps, elle verra un jour dans le Larousse Digba ».[5] Cette prédiction sur l'avenir du nouchi a donné lieu à une vague de réactions enthousiastes sur les réseaux sociaux et à un certain optimisme.

J'ai particulièrement apprécié cet enthousiasme sur l'avenir du nouchi, non parce qu'il émane d'un ancien président de la République, mais plutôt parce qu'il est celui d'un latiniste, surnommé « Cicéron » par ses anciens condisciples et ayant une bonne connaissance de l'évolution des langues. En réalité cette prise de parole confirme surtout une certaine dynamique du nouchi portée à la fois par les politiques, les artistes, la sphère économique et surtout les universitaires et la presse internationale. Le livre de Nataša Raschi intitulé *Dynamiques de la langue française en Afrique subsaharienne* est une éloquente illustration de cette dynamique pour au moins deux raisons. La première est que cette publication s'inscrit dans une belle série de travaux extérieurs qui attestent de la reconnaissance

---

5   Prince Benganssou, « Laurent Gbagbo : un jour le mot "Digba" figurera dans *Le Larousse* », *Afrik Soir* du 10 février 2025.

internationale du nouchi et du français d'Afrique en général.⁶ La deuxième raison et de loin la plus importante est la solidité de l'analyse et la pertinence du sujet abordé. En témoigne la première partie du travail intitulée « Du français métissé : le nouchi ivoirien dans les paroles de la musique rap ». En abordant la question du nouchi dans le rap, Nataša Raschi qui connaît très bien le champ culturel ivoirien met au jour la contribution des cultures populaires dans le développement et surtout la crédibilisation du nouchi. En effet, si ce langage qui à ses débuts, à la fin des années 1970 était considéré comme le parler des exclus du système éducatif et des jeunes de la rue en général est devenu l'un des fleurons de la culture ivoirienne, c'est en grande partie grâce à sa réappropriation par les artistes. Sur cette valorisation du nouchi, la plupart des travaux ou encore des articles de presse ayant dès les débuts fait le lien entre les musiques urbaines et le nouchi ont mis en avant les mots nouchi dans les compositions du groupe Magic System, notamment le tube planétaire *Premier gaou* (1999) et ses mots nouchi, tels « go », « gaou », « gnata », etc. Pourtant comme le relève fort pertinemment Nataša Raschi, c'est le reggae d'Alpha Blondy dont les titres comprennent déjà des mots nouchi *Bintou wèwèrè* (« wèrèwèrè », bandite, effrontée) ; *Election koutcha* (Elections truquées) qui inaugure cette tendance au début des années 1980. Par la suite, ce sont bien les artistes rap, notamment le talentueux Roche Bi qui avec son tube *PDG des namas*, introduit avec un certain panache, les premiers mots nouchi dans le rap ivoirien. L'album diffusé sur les antennes de la télévision ivoirienne en 1991 est un immense succès. En conséquence, les mots nouchi « djô », « kpa », « drap », « dindin », etc. de l'univers des « djosseurs des namas », les surveillants de véhicules qui sont les enfants vivant dans les rues du Plateau dans la capitale économique ivoirienne, sont adoptés par les fanatiques de la chanson de Roche Bi. Ces mots nouchi intègrent ainsi le vocabulaire du français ivoirien de même que certaines expressions idiomatiques nouchi telles que « Les parkings sont partagés ici » (chacun s'occupe de ses affaires) qui sont des expressions françaises, ayant acquis une connotation nouvelle à travers leur réappropriation par les artistes. À travers son travail sur le nouchi dans le rap, Nataša Raschi lève aussi le voile sur l'importance de la question identitaire dans la réussite du rap ivoirien. En effet, le rap ivoirien a vu le jour au début des années 1980 avec la création du groupe Abidjan City Breaker (ABC) fondé par Yves Zogbo Junior. Ce rap a connu un succès mitigé au milieu des

---

6   Le nouchi suscite un immense intérêt dans la presse internationale. En témoignent les articles dans les principaux médias audiovisuels français (France 24, TV5, France Culture, *Le Monde*, etc.). Le 13 décembre 2023, le *New York Times* a consacré une longue enquête au français en Afrique, surtout au nouchi (cf. Elian Peltier, « How African are changing French – One Joke, Rap and Book at a Time »).

années 1990 avec le groupe MAM puis les artistes Al Mighty et Stevo. Influencé par l'émission *Videostars Plus* diffusant des vidéos des rappeurs américains, ce genre apparaît comme une copie du rap américain. En effet, contrairement au début du rap américain qui peint la misère dans les rues du Bronx, le rap ivoirien est pratiqué par des jeunes des quartiers huppés d'Abidjan. C'est un rap déconnecté de la misère des quartiers populaires. Ce rap extraverti, fait en français conventionnel et quelquefois en anglais va progressivement faire place, avec la crise que vit le pays, au rap ivoire en nouchi et en prise avec les réalités sociales et politiques nationales. À l'instar du zouglou au début des années 1990, le rap ivoire traduit le désenchantement d'une jeunesse marquée par la crise. Le nouchi s'impose comme le vecteur de cette révolte à travers des artistes tels que Garba 50, Sans Soi, Billy-Billy, Kiff No Beat, etc. En définitive, en choisissant de consacrer le premier chapitre de ce travail au nouchi dans le rap, Nataša Raschi s'inscrit dans l'air du temps culturel et médiatique ivoirien. En effet, ce 29 août 2024, MTN, la multinationale sudafricaine de la téléphonie mobile a fait de l'artiste Didi B son ambassadeur. Ex-membre du groupe Kiff No Beat, Didi B est la figure de proue du rap ivoire et l'un des artistes francophones les plus en vue. Cette qualité d'Ambassadeur est une consécration du rap ivoire et du nouchi. Pour preuve, la signature du contrat de l'artiste a été suivie d'une vaste campagne publicitaire avec des slogans en nouchi tels « Rejoins le gbonhi c' chic » (« gbonhi », la famille, le groupe, les amis) ou encore « Quand tu as le djè, faut le sécuriser » (« djè », argent).

« Du français anglicisé, ou l'exemple du camfranglais au Cameroun » est un autre moment fort du travail de Nataša Raschi sur l'évolution de la langue française en Afrique francophone. À l'instar du nouchi en Côte d'Ivoire, le camfranglais voit le jour dans les années 1970. Il s'agit d'un langage urbain que les jeunes utilisent d'abord à la maison dans une logique cryptique, puis dans la rue, dans les collèges et à l'université. Comme le nouchi, sa formidable expansion a partie liée avec sa réappropriation par les artistes (humour, chanson) et également par le paysage audiovisuel. Mais la singularité du camfranglais est le contexte politique et culturel de son émergence que restitue fort à propos cette analyse. Le Cameroun est un pays bilingue (français et anglais) marqué par une forte domination du français (8 provinces sur 10). Même si la plupart des Camerounais ne pratiquent pas couramment l'anglais et que le français est de fait leur unique langue officielle, les statistiques sur la place des langues usuelles dans la formation du camfranglais (60% pour le français, 25% pour l'anglais et 10% pour les autres langues) sont révélatrices. Elles illustrent cette volonté identitaire qu'on observe à travers la dénomination de cette parlure, mais bien plus encore. Le contexte politique bilingue de la création du camfranglais pourrait rappeler la naissance du français québécois au début des années 1960 dans la province du Québec au

Canada. Pourtant la situation est bien différente. Au Cameroun, contrairement au Canada, le français occupe une position dominante dans un contexte politique et culturel très particulier marqué par une « quasi-séparation » entre l'anglais et le français. Dans ces conditions, l'émergence du camfranglais est tout un symbole. Elle traduit une réelle volonté de métissage des jeunes, résultant des dynamiques culturelles urbaines. D'où le succès du camfranglais dans les cultures urbaines tels que le rap et le makossa.

Le troisième chapitre portant sur le « français "silencé" » est assurément la partie la plus originale de ce travail. Il aborde l'imposition brutale de l'anglais et le processus d'invisibilisation de la langue française dans la mémorisation officielle du génocide rwandais. La démarche de Nataša Raschi relève d'une certaine audace dans la mesure où le choc du génocide a sans doute permis aux spécialistes du Rwanda de considérer l'ostracisation du français comme une situation de fait. Une évidence qui serait la résultante de la tension entre la France et la minorité Tutsi au pouvoir après le génocide. En effet, outre la coopération politique et militaire de la France avec le pouvoir du régime Habyarimana, la mise en place de l'opération Turquoise par la France au moment du déroulement du génocide a entraîné la fuite à l'Est du Zaïre des principaux dignitaires Hutu soupçonnés de génocide. La France est alors accusée par les nouvelles autorités rwandaises de complicité. Ces relations exécrables entre la France et le Rwanda sont exacerbées avec l'enquête du juge Bruguière sur l'attentat de l'avion du président Habyarimana. L'enquête du juge anti-terroriste met en cause des responsables du FPR de premier rang parmi lesquels madame Louise Mushikivabo, une proche du président Paul Kagame. C'est au plus fort des tensions entre les deux pays que le président Kagame a prononcé en français la boutade « Les faits sont têtus » lors de la célébration du vingtième anniversaire du génocide pour accentuer l'accusation contre les autorités françaises.

Dans ce contexte politique, le choix, en 2017, du swahili comme quatrième langue officielle du Rwanda après le kinyarwanda, l'anglais et le français pouvait être considéré comme une autre tentative d'affaiblissement du français au regard de la tension croissante entre la France et le Rwanda. Dans ces conditions, l'intérêt du Rwanda pour le poste du Secrétariat général de la Francophonie aurait pu être considéré comme un nouveau départ dans les relations diplomatiques entre les deux pays et aussi pour la langue de Molière au Rwanda. Même si Nataša Raschi ne le formule pas explicitement, l'on constate à la lecture de sa minutieuse enquête l'influence d'institutions anglosaxonnes comme la Fondation Bill Clinton dans « l'anglicisation » à marche forcée du Rwanda. Un renforcement de l'emprise de l'anglais favorisé par un contexte politique national marqué par la tentative de pérennisation du pouvoir du président Kagame. Dans ce sens, l'annonce par le président Kagame de la candidature de la ministre des Affaires étrangères de son pays, madame Louise Mushikivabo lors d'une conférence de presse à Paris en compagnie du président Emmanuel Macron a été considérée par certains comme le résultat d'un compromis politique avec la France.[7] Une thèse qui pourrait prendre tout son sens dans la mesure où cette nomination n'a pas pour l'instant freiné le déclin organisé du français au pays des mille collines. La guerre dans l'Est du Congo et le soutien supposé du Rwanda aux rebelles du M23 en conflit armé avec la RDC a entraîné une crise ouverte entre le Rwanda et ses deux voisins francophones que sont le Burundi et la RDC. Le soutien affiché de la diplomatie française à la RDC dans cette conjoncture n'est pas de bon augure pour le français.

Je voudrais marquer ma préférence pour le dernier chapitre de cet excellent travail. Nataša Raschi y dresse un panorama d'environ soixante mots sur la flore, la faune, la cuisine, la musique, les peuples, les maladies et bien d'autres domaines qui sont autant d'apports du français d'Afrique au français conventionnel. Il s'agit d'un travail fouillé portant sur des mots dont la découverte part pour les plus anciens du XV\ siècle pour *grigri* ou *gris gris* à 1976 pour *ebola*. Ce travail s'inscrit dans le débat actuel en Côte d'Ivoire sur la place des créations africaines dans l'enrichissement de la langue française.

En 2013 lors de sa prise de parole à l'Assemblée parlementaire de la francophonie à Abidjan, le secrétaire général, Abdou Diouf avait salué le travail d'invention des locuteurs de la langue française en ces termes : « Je veux dire qu'ici en Côte d'Ivoire, la langue française doit féliciter tous les Ivoiriens pour leur imagination, leur façon savoureuse de s'exprimer en français. Chaque fois qu'on demande de donner des expressions qui ne sont pas venues de l'Hexagone ou des pays du Nord, les exemples qui vous viennent à l'esprit sont ivoiriens ».[8] Au moment de ce satisfecit d'Abdou Diouf sur le nouchi, aucun mot nouchi n'avait encore intégré le dictionnaire. Le processus ne commence qu'avec le *Larousse* en 2017. De 2017 à 2023, les mots nouchi (ambianceur, s'enjailler, boucantier, brouteur, go) ont rejoint le *Larousse* et *Le Petit Robert*.

---

7 Pierre Wiltzer, l'ancien ministre français de la Francophonie (2002-2004) a d'ailleurs accusé le président Emmanuel Macron de « s'être servi de l'OIF comme d'un joujou pour une opération diplomatique » (« Francophonie : entre Paris et Kigali, le jeu d'équilibriste de Louise Mushikiwabo », *Le Monde Afrique* du 09 janvier 2019).

8 Germain-Arsène Kadi, *Le nouchi de Côte d'Ivoire : dictionnaire et anthologie*, Paris, L'Harmattan, 2017, p. 25.

En 2023, à l'occasion de l'intégration des mots « Brouteur » et « go », Séverine Moinard,[9] directrice éditoriale du *Petit Robert* a précisé que 150 à 200 nouveaux mots enrichissent le dictionnaire chaque année sur la base de trois critères que sont la pérennité du mot, sa fréquence d'utilisation et sa diffusion. À l'analyse, on se rend compte que les principaux mots nouchi remplissent déjà ces trois critères de sacralisation des mots édictés par les responsables du *Petit Robert*. En effet, on retrouve ces mots aussi bien dans la littérature ivoirienne, la musique que le cinéma depuis plus de deux décennies.[10] Le camfranglais est tout aussi présent dans les productions culturelles camerounaises. On comprend mieux pourquoi à l'occasion de l'introduction des mots « Brouteur » et « go » dans *Le Petit Robert* en 2023, Jérémie Kouadio N'Guessan avait estimé que pour le cas de la Côte d'Ivoire « une vingtaine de mots peuvent être intégrés sans problème ».[11] La quasi-ignorance de la dynamique de ce français d'Afrique et l'intégration de ses mots au compte-gouttes posent le problème de leur reconnaissance par l'institution française.

Le cas du mot « go » dans *Le Petit Robert* en est tout un symbole. *Le Petit Robert 2023* définit « go » comme un « nom féminin, issu d'une langue de l'Afrique de l'Ouest (bambara) » et dont l'origine remonte à 1997. Il signifie, selon le dictionnaire, « une jeune fille, une jeune femme ou une petite amie ».[12] Cet historique est sujet à caution dans la mesure où le mot « go » n'est pas issu du bambara. En bambara, la jeune fille est appelée « soungourou ». Le mot « go » est un néologisme nouchi dont l'origine pourrait être liée à « girl » en anglais. De plus, l'origine du mot ne remonte pas à 1997, mais au début des années 1980. En revanche, son apparition dans la musique se fait en 1991 avec le succès de la chanson *Gboglo Koffi* des Parents du campus.[13] Le mot « go » se retrouve par la suite avant 1997 dans plusieurs tubes zouglou tels *Nathalie* (1992) de Système gazeur, *Les côcôs* (1992) de l'enfant Yodé, *Mange-mille* (1995) du groupe Esprit de Yop, etc.

---

9   Nathalie Sala Gisa, « La "go", le "brouteur" et le "babtou fragile" » font leur entrée dans le dictionnaire *Le Petit Robert* », *Le Monde Afrique* du 14 octobre 2022.

10 La publication de *Le nouchi de Côte d'Ivoire : dictionnaire et anthologie* en 2017 répond à cet objectif de crédibilisation du nouchi. Sont répertoriés dans ce livre environ 50 artistes et groupes musicaux, plus de 80 chansons, une dizaine de titres de presse, 8 livres et 14 films dans lesquels sont diffusés les mots nouchi.

11 Nathalie Salsa Gisa, cit.

12 *Ibidem*.

13 « Un étudiant qui voit une *go* / Il lui dit : je suis étudiant / La *go* ne croit pas / Il fait tomber sa carte / la *go* est brisée ». Dans ce couplet de *Gboglo Koffi*, le mot « go » apparaît trois fois.

Avec l'exemple de « go » dans *Le Petit Robert*, on comprend toute l'importance d'une analyse sans complaisance du contexte d'émergence de ces nouveaux mots. Nataša Raschi nous en donne la pleine mesure dans ce précieux livre qui illustre de fort belle manière la place des mots d'Afrique dans une francophonie plurielle.

Note biographique

Germain-Arsène Kadi est Professeur titulaire et enseigne la littérature comparée et les études culturelles à l'Université Alassane Ouattara (Côte d'Ivoire). Ses travaux portent sur la violence dans les littératures francophones et le cinéma ainsi que sur les dynamiques du pouvoir et de la domination dans les cultures populaires africaines, notamment les musiques urbaines et le nouchi. Il a écrit *Le nouchi de Côte d'Ivoire : dictionnaire et anthologie* (2017) et est l'auteur de quatre autres essais publiés aux éditions L'Harmattan à Paris.

Regards du Canada

Ozouf Sénamin Amedegnato

Depuis que le mouvement d'expansion coloniale a inscrit la langue française dans le paysage sociolinguistique des pays d'Afrique, de nombreux travaux ont été consacrés aux effets du contact entre cette dernière et les langues locales déjà présentes sur le continent. Il en va ainsi, par exemple, des 32 livraisons de la revue du Réseau des Observatoires du Français Contemporain en Afrique (1980-2018). Fondée comme *Bulletin* avant de devenir *Le français en Afrique* à partir de 1995, certaines de ses contributions se sont efforcées de décrire les aspects lexicaux surtout – mais également morphosyntaxiques et sémantiques – des variétés de français en usage dans plusieurs pays (Haute-Volta, Gabon, Côte d'Ivoire, Tunisie, Tchad, Cameroun, notamment). D'autres ont rassemblé des articles autour de thématiques précises (telles que la norme, les nouvelles technologies ou les parlers urbains) ou sous forme de varia, et d'autres encore ont compilé des bibliographies ou des actes de colloques. *L'Inventaire des particularités lexicales du français en Afrique noire* (réalisé dès 1980 sous le patronage de l'AUPELF et de l'ACCT) s'est nourri de certains de ces travaux et a recensé les variations diatopiques et particularismes de douze pays. Il y a eu également des thèses de même que des projets financés par des instances de la Francophonie institutionnelle dont l'objectif était de déterminer comment le français pouvait contribuer au développement de cette partie du monde.

Les chapitres qui constituent la trame de cette monographie participent de cet effort de documentation de l'aventure du français en Afrique. L'auteure les accompagne tous d'un regard critique, ce qui en fait une analyse qui invite à réfléchir, outre les bilans, aux perspectives d'avenir plus de soixante ans après les indépendances politiques desdits États. La réflexion qui nous est proposée s'inscrit dans un mouvement de va-et-vient : un « aller » (le français métissé observable dans les parlers hybrides tels le nouchi et le camfranglais) et un « retour » (quand les langues-cultures africaines enrichissent le français). En bonne dialecticienne, Nataša Raschi ménage une pause entre les deux pôles du mouvement de pendule, « stop » qui se préoccupe d'un contexte (le Rwanda) où le français est écarté au profit d'autres langues, l'anglais en l'occurrence, mais également le kinyarwanda et le kiswahili, autres langues co-officielles du pays. La comparaison des cas rassemblés dans cette somme rappelle que la situation du français en Afrique dite « francophone » est effectivement complexe et qu'il ne s'agit pas simplement de souhaiter que l'explosion démographique prochaine de l'Afrique soit à l'avantage du français pour que cela soit une réalité.

En effet, au moment où s'écrivent ces lignes, trois pays subsahariens (le Burkina Faso, le Mali et le Niger) viennent de quitter l'Organisation Internationale de la Francophonie et de défaire le français de son statut de langue officielle. Avant cela (2022), d'autres pays traditionnellement considérés comme francophones (le Gabon et le Togo) ont adhéré au Commonwealth, rejoignant ainsi le Rwanda (membre depuis 2009), de même que le Cameroun et les Seychelles (membres depuis plus longtemps) – une manœuvre stratégique visant à se soustraire à la mainmise d'une France de plus en plus perçue comme prédatrice. À ce rythme, il n'est pas certain que l'avenir du français se trouve en Afrique comme on l'entend souvent dire. Est-ce d'ailleurs souhaitable ? Cela dépend pour qui, bien évidemment, car les intérêts de l'État français et ceux des États africains divergent considérablement. À moins que la dynamique des rapports ne change, y compris au plan sociolinguistique, puisque la langue est l'index du pouvoir, l'instrument autour duquel s'articulent les considérations socio-politico-économiques.

Vu d'Amérique, où se pose avec une acuité certaine le problème de la revitalisation des langues autochtones, il est impossible de ne pas penser à la question de l'équilibre des langues en présence dans le paysage sociolinguistique africain – subsaharien en particulier. Mais si les langues africaines ne sont pas en danger de disparition comme celles des Premières Nations autochtones, il reste qu'elles ont été jusqu'ici minorisées du point de vue du statut, et ce sur leur propre terrain, par le fait français. Cette minoration est visible jusque dans les études consacrées notamment à l'enrichissement, lesquelles ont en commun de souvent privilégier le point de vue du français essentiellement. C'est dire à quel point les rapports entre le français et les langues africaines sont asymétriques. Une synergie véritable entre les deux entités consisterait à multiplier des travaux dans la direction réciproque : comment et dans quelle mesure les langues africaines sont enrichies elles aussi par le français. Or, une telle démarche impliquerait de considérer à titre égal les langues africaines dont les politiques linguistiques et éducatives font souvent fi.

Par ailleurs, la thématique de l'hybridation pose quant à elle la question de l'acceptabilité des variétés décrites – un questionnement aussi vieux que la description, mais qui demeure d'actualité. Même après plusieurs décennies d'études sociolinguistiques, force est de constater que les français africains continuent de manquer de légitimité. Ce n'est pas un détail. Il ne suffit pas que soient répertoriés dans *Le Petit Robert* quelques mots d'origine africaine pour que les locuteurs desdites variétés soient légitimes. Il faut dire que le français est resté une langue étrangère pour plusieurs citoyens, apprise à l'école, pas du tout acquise. La proportion de la population dont le français est L1, bien qu'en hausse, n'est pas suffisamment représentative pour changer le fait que, malgré son statut officiel, le français est largement plutôt une langue seconde, pratiqué par une minorité de Francophones réels. Or, persistent – naturellement – des accents liés à l'omni-présence des langues locales sur le marché linguistique (lesquelles se manifestent dans des innovations lexico-morphosyntaxiques) et quelques archaïsmes dus au mode d'apprentissage de la langue. Bref, il leur suffit de ne pas parler leur langue d'adoption « à la française » pour être stigmatisés dans leurs pratiques langagières par l'opinion française. En dépit de leur maîtrise (livresque) de la langue au plan grammatical, il arrive que leur variété soit moquée comme étant du parler petit-nègre, au même titre, paradoxalement, que les innovations constatables dans les pratiques langagières pidginisées des « francophonoïdes »[1]. La polémique récente concernant la chanteuse « franco-malienne » Aya Nakamura, est un rappel de la déconnection entre les ambitions expansionnistes du français et l'esprit d'ouverture que cela devrait logiquement impliquer : il a suffi qu'elle soit pressentie pour chanter à la cérémonie des Jeux Olympiques de Paris en juillet 2024 pour qu'elle devienne la cible d'attaques racistes, ses détracteurs critiquant la langue dans ses chansons comme n'étant pas du français. Nous sommes bien loin du français langue africaine prôné naguère avec enthousiasme par des chercheurs de bonne foi. Ils avaient sous-estimé les pesanteurs coloniales ainsi que la résistance de l'opinion française au dialogue interculturel.

Enfin, face à ce constat, il conviendrait de repenser la centralité de la langue française dans les glottopolitiques des pays africains. Pour se garantir quelque avenir en Afrique, la langue française aurait intérêt à savoir céder la place, car sa survie se trouve non pas dans sa diffusion forcée mais plutôt dans sa disponibilité et sa capacité à se laisser choisir d'individus qui ont envie de rajouter cet idiome à leur patrimoine culturel personnel ; sans qu'il soit pour autant question que ces individus s'appauvrissent en renonçant à leurs propres langues.

Le souci de leurs langues apparaît désormais comme le défi des années à venir pour la jeune génération de chercheurs en sociolinguistique, pour qui le livre de Nataša Raschi est une invitation indirecte à changer de posture. Un vaste chantier se présente devant eux, qui demande à être débroussaillé, travaillé, approfondi : inventorier les langues dont ils ont de bonnes connaissances et les décrire sur des bases rigoureuses, directement à partir des corpus plutôt qu'à partir de cadres conçus pour les langues européennes que l'on s'efforce de plaquer, parfois artificiellement. Le travail de description s'avère être une étape essentielle dans l'aménagement des langues africaines. Il permet en effet de rectifier, au besoin,

---

[1] Le terme vient de Robert Chaudenson (2006) et désigne des locuteurs qui peuvent donner l'illusion d'être de vrais francophones, c'est-à-dire ayant une compétence suffisante pour faire face à toutes les situations courantes de communication. *Vers une autre idée et pour une autre politique de la langue française*, Paris, L'Harmattan.

le décompte des langues du continent, en clarifiant les frontières entre langues et dialectes, encore floues dans bien de cas. Il permet également de modifier les représentations sociolinguistiques des Africains vis-à-vis de leurs langues. Il permet enfin de produire localement du savoir utile à l'Afrique. Et c'est en produisant du savoir qui lui est utile à elle que l'Afrique apportera véritablement (et donc automatiquement) des connaissances utiles au reste du monde.

Note biographique

Ozouf Sénamin Amedegnato est Professeur titulaire à la School of Languages, Linguistics, Literatures and Cultures de l'Université de Calgary (Canada). Ses activités de recherche portent sur la sociolinguistique du domaine francophone (variation ; représentations et glottopolitiques des pays subsahariens ; revitalisation des langues). Il est fondateur du groupe de recherche *Cercle Benveniste*.

Introduction
Cibler les dynamiques : le déclic du voyage

Suite aux études menées par William Labov (1966), beaucoup de linguistes se sont intéressés aux variations du français à travers le monde en y envisageant des problèmes aussi bien linguistiques que sociolinguistiques (Valdman 1979, Robillard et Beniamino, 1993, Chaudenson et *alii*, 1993). Quand on pense au « français standard » (FS), « de France » ou « de référence » (FR), on attribue des étiquettes au français-modèle (Martinet et Walter, 1973 ; Wilmet 1997) qui s'est imposé progressivement comme produit d'une centralisation à la fois géographique (Paris) et sociale (le « bon usage », celui de la cour au XVIIe siècle, celui des « bons auteurs » par la suite), alors que la langue française se présente, à l'instar de toute autre langue, sous des aspects diversifiés.

D'après Coseriu (1973), il faut distinguer différents types de variations, certaines étant liées aux usagers comme la variation *diachronique* (variation selon l'époque), *diatopique* (variation selon l'espace) et *diastratique* (variation selon les caractéristiques sociales), une quatrième étant liée à l'usage, la variation *diaphasique* (situationnelle ou stylistique). À celles-là, Françoise Gadet ajoute la variation diamésique en fonction du canal employé qui peut être oral ou écrit (Gadet 2007 : 45-52). L'approche variationnelle est le fil rouge qui sous-tend ma recherche dont l'intérêt s'inscrit dans une réflexion ciblant le contact des langues (Gadet et Ludwig 2015) en Afrique subsaharienne où le français a été imposé par la force et la violence dès le début de la colonisation. En particulier, le mot « dynamiques » sous l'égide duquel est placé mon titre est récurrent dans ce domaine de recherche (Poirier 2005 ; Blumenthal 2015) et a été choisi récemment pour le cycle de leçons consacrées aux *Dynamiques langagières dans l'univers francophone*, organisées et tenues par Salikoko S. Mufwene au Collège de France du 28 mars au 7 juin 2024.[1] Lors des rencontres, ce linguiste a adopté une perspective évolutionniste influencée par ses recherches sur l'émergence des créoles depuis leurs bases historiques, des comptoirs commerciaux au long des côtes africaines de l'Atlantique au XVIIe siècle, jusqu'à la fondation de l'empire colonial français, pour en arriver à l'époque

---

1 Toutes les conférences évoquées ici sont disponibles à la page suivante : https://www.college-de-france.fr/fr/chaire/salikoko-mufwene-mondes-francophones-chaire-annuelle (consultée le 7 Septembre 2024).

de la globalisation et à des réflexions sur le marché mondial et le pouvoir d'achat où la langue de l'acquéreur joue un rôle fondamental.[2]

Étant donné que les langues sont en perpétuelle évolution, Mufwene envisage un rapprochement avec la biologie, faisant de chaque langue un être vivant : « Tout comme les virus, les langues s'adaptent à leurs porteurs »,[3] aux changements qui s'opèrent et aux environnements dans lesquels elles ont été transplantées. Selon une approche écologique, on ne s'adapte pas de la même manière au français en France qu'en Afrique, puisque dans ce continent il y a une émergence des langues africaines qu'on ne peut pas éviter et que, de la même manière, les Africains qui souhaitent étudier ou s'exprimer en français n'ont pas les mêmes opportunités ni des contacts réguliers avec des Français. C'est pour cela que Mufwene préfère parler d'indigénisation du français en Afrique,[4] alors que Musanji Ngalasso-Mwatha opte pour « l'africanisation du français ».[5] Les deux linguistes partagent l'idée selon laquelle la langue française est devenue langue seconde pour un grand nombre d'Africains qui la nourrissent et s'en nourrissent dans une relation de complémentarité / supplémentarité qui a été aussi au cœur du discours d'Emmanuel Macron lors de la cérémonie d'ouverture du dix-neuvième sommet de la Francophonie à Villers-Cotterêt le 4 octobre 2024,[6] haut lieu symbolique puisque l'Ordonnance de François Ier de 1539 y avait marqué l'unicité du français comme langue centralisée, étatique et politique. Les propos du Président n'ont pas manqué de souligner les données concernant les prévisions de croissance gigantesque de la population en Afrique et donc des futurs apprenants / locuteurs francophones sur ce continent. Ce qui en ressort est un sentiment de vitalité qui a été mis en

---

2 Cf. Salikoko S. Mufwene, *La Francophonie : y a-t-il des « langues partenaires » ?*, conférence au Collège de France du 14 mai 2024.

3 C'est le titre de l'article disponible à la page suivante : https://www.college-de-france.fr/fr/actualites/tout-comme-les-virus-les-langues-adaptent-leurs-porteurs#:~:text=Les%20langues%20ont%20%C3%A9galement%20leurs,%C3%A0%20chacun%20d'entre%20nous. (consultée le 7 septembre 2024).

4 Cf. Salikoko S. Mufwene, *L'indigénisation du français en Afrique et en Amérique du Nord*, conférence au Collège de France du 30 avril 2024.

5 Cf. Musanji Ngalasso-Mwatha, *L'africanisation du français ou le français comme une langue africaine*, conférence au Collège de France du 30 avril 2024.

6 Cf. Emmanuel Macron, *Discours du Président de la République à l'occasion de l'ouverture du Sommet de la Francophonie*, Villers-Cotterêt, 4 octobre 2024, disponible à la page suivante : https://www.vie-publique.fr/discours/295622-emmanuel-macron-04102024-francophonie (consultée le 8 octobre 2024).

évidence dans une des dernières conférences au Collège de France[7] et que j'avais préconisé dans mon livre consacré à l'analyse linguistique de la presse africaine (Raschi 2010 : 24).

Si la recherche de Mufwene dresse un tableau immense et articulé de « l'univers francophone » pour en expliquer les mouvements langagiers les plus significatifs, ce qui m'intéressait était de vérifier l'état actuel du français à l'intérieur de certains contextes bien précis de l'Afrique francophone subsaharienne afin d'y entrevoir un parcours qui puisse donner une idée de réciprocité entre les français africains et le français qui s'enrichit grâce à l'hétérogénéité linguistique et culturelle des multiples réalités du continent noir. La variation diatopique est au centre de ce livre dont j'ai envisagé la macrostructure en pensant au plan d'un voyage fictif organisé devant une carte physique selon l'axe Nord-Sud-Nord, ce qui justifie la reprise du mot « dynamiques » en tête d'ouvrage. Toujours dans le titre, le singulier « langue française » contient une pluralité intrinsèque et ne souhaite pas opérer un choix à contre-courant par rapport à la définition qui utilise le pluriel « français africains » pour désigner les formes d'appropriation observées sur le continent comme génératrices de phénomènes linguistiques typiques (Floquet 2018 ; Bordal Steien et Van den Avenne 2019). Partant de la comparaison des situations choisies pour mon analyse, apparemment si éloignées, voire contradictoires, j'insisterai en fait sur la relation entre ces apports et les singularités des français subsahariens et sur les transformations/apports/néologies du français de l'Hexagone.

Comme tout déplacement suppose un aller, un arrêt et un retour, j'ai transposé autant de mouvements à certaines réalités linguistiques choisies de manière ponctuelle. Chaque étape est structurée autour d'une enquête axée sur la recherche et la lecture d'un corpus authentique, et est reconnaissable à partir du syntagme qui la définit pour désigner un aspect plus spécifique de la langue française. Ce travail, qui ne prétend pas à l'exhaustivité et qui ne focalise que quelques portions d'un sujet plus vaste, veut néanmoins s'interroger sur le « pourquoi des choses » afin de dévoiler les dynamiques sous-jacentes à travers l'observation du phénomène variationnel selon une approche pluridimensionnelle (Boutin 2021). En accord avec cet objectif, le livre se développe en quatre chapitres, dont chacun reflète l'évolution de la langue pour saisir les continuités d'un parcours où le passé et le présent s'entremêlent.

---

7 Cf. Cécile B. Vigouroux, *Migration et vitalité du français en Afrique sub-saharienne : de la colonisation de traite aux migrations africaines contemporaines au sein du continent*, conférence au Collège de France du 28 mai 2024.

Le premier mouvement que je définis « de l'aller », prévoit deux étapes assez similaires de par certains aspects, puisque centrées sur les « parlers jeunes », phénomène complexe d'intérêt social qui, dès 1980, a commencé à être étudié par les linguistes en raison du partage croissant de certaines expressions de ce nouveau français, mais aussi d'une façon de penser autre, révélatrice des couleurs données par l'éventail des langues locales. Ce chapitre initial se concentre sur un « français métissé » comme le nouchi de Côte d'Ivoire et offre un tableau de la situation linguistique ivoirienne à partir des années de la colonisation, lorsque le français est imposé en tant que langue administrative et élitaire, jusqu'à la période de la post-indépendance où il conserve son statut de langue officielle, essentiellement liée à la mobilité sociale et professionnelle. Pour en détecter les caractéristiques saillantes du point de vue lexical et syntaxique, je propose une analyse lexicographique des paroles des chansons rap, lecture qui fera aussi l'objet du chapitre suivant consacré au « français anglicisé » comme le camfranglais du Cameroun. Cette étape déplace l'attention sur le camfranglais et l'ambiguïté qui le caractérise dans le but de le décrire, en considérant les aspects historiques, la formation, l'enseignement de la langue et également les mixités qui s'y révèlent. À côté de la motivation linguistique, un autre problème est lié à un aspect socio-politique contemporain du pays qui vit une crise interne provoquée par les milices séparatistes des régions du Nord et du Sud-Ouest du pays qui voudraient la constitution d'un État autonome : selon les critiques, la population anglophone qui atteint environ 20% des citoyens, aurait le sentiment d'être marginalisée d'un point de vue culturel et économique.

Face à la vitalité prometteuse du nouchi et du camfranglais (Zang Zang 2018) qui relie deux anciennes portions de l'Empire colonial français telles que l'Afrique Occidentale Française (AOF) et l'Afrique Équatoriale Française (AEF), le troisième chapitre se concentre sur un contexte encore différent, appartenant cette fois-ci à l'ancien Empire Colonial Belge. Ce chapitre répond à l'appel lancé par Musanji Ngalasso-Mwatha lors de sa conférence au Collège de France du 30 avril 2024 ayant pour titre *L'africanisation du français ou le français comme langue africaine*, où il avait rappelé un fait important bien que souvent passé sous silence : la présence de la langue française en Afrique subsaharienne dérive tout aussi bien de la colonisation française que de la colonisation belge allant de la République Démocratique du Congo, ou ancien Congo belge, jusqu'au Burundi et au Rwanda. J'observerai en particulier la situation du français au Rwanda où il figure en tant que langue officielle sans recevoir de support pédagogique ni d'attention médiatisée. Face à cette réalité linguistique particulièrement complexe et encore peu explorée, j'ai opté pour le syntagme suivant : « le français "silencé" ». Ainsi notre voyage semble-t-il subir un « arrêt ». L'analyse portera sur la communication écrite dans les lieux de mémoire de ce contexte du Sud du monde dont on vient de rappeler les trente ans du génocide des Tutsi et des Hutu modérés de 1994. Même s'il n'est pas aisé de comprendre la situation caractérisant à l'heure actuelle la réalité linguistique du pays des Mille Collines, un fait rare pour la totalité du continent s'impose vu que la population rwandaise comprend, parle et pense dans une seule langue, le kinyarwanda. Toutefois, comme cela arrive dans bien des pays du continent, des dichotomies s'affichent à cause de l'enchevêtrement d'événements historiques et d'intérêts socio-politiques qui se superposent non seulement au niveau national, mais aussi sur le plan régional de l'Afrique des Grands Lacs où le Rwanda occupe une position centrale entre réalités francophones et anglophones.

Le quatrième chapitre révèle une nouvelle et dernière étape du voyage tracé et dessine une sorte de « retour » au français de France, focalisation nécessaire pour conclure l'allure cyclique imprimée au livre. La recherche, analytique et empirique à la fois, observe comment les mots venus de l'Afrique subsaharienne se manifestent concrètement dans les principales ressources lexicographiques de la langue française et quels en sont les champs sémantiques privilégiés. « Le français enrichi », ou l'enrichissement du français de France grâce aux langues-cultures africaines, est l'idée qui sous-tend ce chapitre visant à illustrer les mots et les *realia* progressivement insérés. S'il est vrai qu'on a souvent oublié, ou laissé de côté, l'apport des langues africaines à la langue française, ma contribution interrogera spécifiquement les caractéristiques formelles et sémantiques du lexique français ayant une étymologie africaine, autant de composantes qui ont effectué un passage significatif du Sud au Nord.

Ces « dynamiques de la langue française en Afrique subsaharienne » proposeront, en dernière analyse, des instruments d'évaluation et d'appréciation quant à l'efficacité des politiques linguistiques mises en place dans certaines zones de la francophonie, ce qui nous permettra d'en examiner la pertinence au prisme des défis sociétaux, culturels et politiques qui s'imposent afin d'entrevoir certaines trajectoires significatives pour de futurs développements.

Chapitre I
Du français métissé : le nouchi ivoirien dans les paroles de la musique rap

La Côte d'Ivoire est souvent présentée comme un cas particulier d'appropriation du français en Afrique subsaharienne[1] vu que dans ce pays la langue de l'ancienne puissance coloniale s'est imposée comme unique langue nationale et principal moyen de communication intercommunautaire.[2] Ce français s'est nettement différencié à l'intérieur du contexte linguistique et culturel que nous avons choisi pour cette analyse, suite à la situation de plurilinguisme des Ivoiriens eux-mêmes. Cela engendre les conditions pour qu'émerge un parler comme le nouchi, langue hybride surgie du métissage linguistique et « caractéristique récente des cultures urbaines, en particulier chez les jeunes » (Gadet et Ludwig 2015 : 93) qui a gagné toujours plus de terrain, s'imposant comme véhiculaire.

Notre premier chapitre élucidera les modalités d'appropriation du français par les Ivoiriens pour lequel il est difficile de donner des définitions à cause des multiples réalités de passage, de contamination et d'évolution. Nous allons présenter les caractéristiques saillantes du nouchi grâce à l'analyse détaillée des textes des chansons du rap ivoirien pour vérifier de quelle manière ces deux modalités d'expression, le nouchi et le rap, ont fusionné connaissant un développement prodigieux. Notre intention est de problématiser les mutations langagières proposées par les rappeurs qui vivent une situation spéciale du fait du contexte diglossique de production, donnant lieu à une reconfiguration linguistique qui passe nécessairement par une déconstruction des codes de la langue française.

Collecter et analyser des textes authentiques pour établir un corpus bien défini (Boutin 2021) est utile pour vérifier les hypothèses et les traits saillants de cette parlure dont l'évolution est très rapide et la quantité de variables ne permet aucune systématisation, mais offre un fragment précis où l'on peut mesurer l'ampleur du phénomène variationnel tout comme en expliquer la forme et la substance. À son tour, le rap dérive d'un usage libre et créatif du français, un code que nous pourrions appeler également « mixte », car il intègre différents mots provenant

---

1   Ce premier chapitre est la version actualisée et enrichie d'une recherche qui me passionne depuis quelques années (Raschi 2018).

2   « Appropriation » se réfère aux divers procédés qui caractérisent l'apprentissage d'une seconde langue ou l'acquisition d'une langue première (Chaudenson 2000 : 184).

d'autres langues, en particulier l'anglais, et de l'ensemble des langues régionales des jeunes créateurs. Deux élements qui vont de pair quant à créativité lexicale, classe d'âge et contextes divers, comme l'indiquent les deux variations, diatopique et diastratique, qu'on y reconnaît.

Le contexte linguistique ivoirien

Ainsi que la plupart des pays issus de la cartographie coloniale française, la Côte d'Ivoire acquiert son indépendance en 1960 et présente une fragmentation linguistique dont les groupes linguistiques dénombrés dépassent les soixante unités bien qu'il soit depuis toujours difficile de distinguer entre langues et variétés dialectales (Derive 1986 : 45). Au lendemain de l'indépendance, le français est déclaré langue officielle et la politique en fait l'unique langue d'enseignement jusqu'à nos jours. Plusieurs raisons peuvent expliquer ce choix, mais aucune n'est définitive. Nous pouvons penser à la difficulté à mettre en œuvre une véritable politique de promotion des langues locales causée par le morcellement linguistique du pays, aux élites ivoiriennes qui avaient intériorisé cette idée que l'instruction dans les langues locales n'était pas le signe de progrès et d'émancipation, mais plutôt un stigmate de régression humaine et sociale (Kouadio 2007 :74), ou encore, et plus simplement, à une certaine forme d'imposition latente de la part des détenteurs du pouvoir pour maintenir le statu quo.

Il semble que dans cet État d'Afrique noire francophone la dynamique linguistique en cours entraîne des influences mutuelles des langues et des pratiques linguistiques. En premier lieu, la présence d'une véritable mosaïque ethnique oblige à s'interroger en matière de langues « identitaires » : les locuteurs ivoiriens se trouvent face à la troublante polysémie de langue « maternelle » nourrie des dimensions affectives et de l'ensemble des langues qui organisent leur répertoire linguistique à tel point que la pratique ordinaire du français par les locuteurs ivoiriens a presque fini par évincer le français normé et que différentes formes de français local apparaissent. Ces variétés coexistent, se concurrencent et s'interpénètrent très souvent dans leur production linguistique au quotidien.

Le français de Côte d'Ivoire se particularise jusqu'à devenir, dans une certaine mesure, une variété autonome « métissée », comme nous l'avons défini dans le titre de ce chapitre, par rapport au français central servant de norme de référence. Pourtant, Kouadio propose, pour des raisons d'efficacité, la distinction entre la variété supérieure ou acrolectale, appelée français ivoirien (FCI), la variété moyenne ou mésolectale appelée français populaire ivoirien (FPI) et le nouchi bien que les langues soient éminemment caractérisées par l'idée de mouvement et qu'il y ait une sorte de continuité interlinguistique entre le français et les langues locales, ce qui empêche toute définition étanche (Kouadio 2008).

Or, même si fortement marqué par la mélodie imprimée à la phrase, le français ivoirien est très proche de celui de l'Hexagone alors que le français populaire ivoirien s'en éloigne. Le FPI, parlé depuis l'époque coloniale, est du point de vue historique la première variété locale à voir le jour « comme une espèce de sabir franco-ivoirien qui utilise des mots français – phonétiquement déformés – sur des structures syntaxiques des langues ivoiriennes » (Kouadio 2007 : 71-72). Ce parler, en milieu urbain, est fortement concurrencé par une nouvelle forme d'expression, le nouchi, un argot né au début des années 1980 dans les quartiers populaires d'Abidjan. Pratiqué par des classes sociales défavorisées et surtout par les jeunes de la rue souvent déscolarisés, il a été connu à ses débuts pour sa fonction cryptique. De nos jours, il s'étend à toutes les couches sociales : l'homme de la rue, les élèves, les journalistes, les musiciens, les politiciens, les intellectuels et les médias en favorisent la promotion et l'amplification préfigurant probablement l'avenir linguistique de la Côte d'Ivoire.

Ce sociolecte[3] est revendiqué au quotidien par cette communauté linguistique comme moyen d'affirmation de son esprit créateur et de sa volonté d'émancipation (Atse N'Cho 2018). Il se développe dans un contexte social où les locuteurs sont à la recherche d'une langue traduisant leur sentiment de citoyenneté et d'appartenance à la nation ivoirienne. De plus, sa propagation confirme que les variétés linguistiques nées en dehors de l'Hexagone sont symptomatiques d'un désir d'affirmation de soi et d'autonomie.

Focus sur le nouchi

Gouvernée d'une main de fer par Félix Houphouët-Boigny pendant plus de trente ans, l'histoire du pays est marquée par les « faux complots » de 1963 (Diarra 1997 : 1-20) et par les grèves universitaires des années 1970, mais de tels signes, bien que graves, ne peuvent rien contre l'image d'un pays destiné à une expansion tellement extraordinaire que l'on crie au miracle économique vers les années 1980 (Chaleard 2000 : 48-51), prodige lié à la production du cacao et du café. Le tableau est idyllique, mais le feu couve sous la cendre. Vers 1990, le « vieux souverain ivoirien » doit accepter une contestation des rues si généralisée contre son régime

---

3   « Sociolecte » désigne tout langage propre à un (sous-)groupe social déterminé. Les traits distinctifs d'un sociolecte peuvent être de nature lexicale, morphosyntaxique ou phonétique et il peut définir non seulement une couche de la société, mais toute une communauté culturelle.

(Losch 2000 : 12) qu'il cède au multipartisme (Dozon 2000 : 13). Ce sont en particulier la chute des prix du cacao et du café et le chômage qui finissent par révéler
un pays au seuil de la banqueroute (Losch 2000 : 11-13). Et ce sont surtout les
jeunes générations qui paient le prix fort de la crise, puisque cette dernière s'abat
sur l'enseignement supérieur entraînant des problèmes très concrets de réduction
des transports scolaires, des bourses d'études, des tickets de restauration et des
logements sur le campus (Kadi 2013 : 1).

La naissance des difficultés coïncide avec l'éclosion du nouchi, langage des
jeunes, qui accompagne les genres musicaux les plus appréciés des nouvelles générations, parmi lesquels le zouglou[4] et le reggae d'Alpha Blondy,[5] tout comme le rap
(Gadet et Ludwig 2015 : 94), autre forme d'expression née dans le ghetto en tant
que pratique de résistance qui fait du jeu verbal et des acrobaties linguistiques
son archétype structurel.[6] « Nouchi » est un nom composé à l'origine de « nou »
et « chi », du dioula « nou » pour nez et « sii » poil, littéralement les poils du nez
ou moustache, comme le voulaient les héros des films western très populaires à
l'époque à Abidjan qui jouaient les durs, synonyme de voyous. Il désigne aussi
bien la langue que ses locuteurs, appelés Nouchis, ou Noussis à cause de l'instabilité graphique. Selon Roland Kiessling et Maarten Mouss, il existe une racine
étymologique ultérieure pour le terme nouchi, qui consisterait en la verlanisation
du français « chez nous », donnant tout simplement par inversion « nouchi »
(Kiessling and Mouss 2004: 312), bien que cette hypothèse n'ait pas été vérifiée
(Derive 2004 : 13).

« Vecteur de dénonciation sociale et de combat » (Kadi 2013 : 2), paroles et
musiques vont de pair à Abidjan, capitale économique du pays, capable à elle seule

---

4   « Mouvement artistique (musical) d'origine abidjanaise des années 1990 » (Ploog 2002 :
    262). À remarquer surtout que le zouglou est passé de la condition de phénomène
    estudiantin à l'une des musiques urbaines parmi les plus répandues grâce à la diffusion
    des médias (Cf. Kadi 2014 : 260).
5   Alpha Blondy, le reggaeman abidjanais dont la contribution à l'essor du nouchi reste
    à sonder, a diffusé le premier des expressions telles que « élection Koutcha » (album
    Révolution, 1987) pour dénoncer l'existence d'élections truquées.
6   Né dans le Bronx de New York vers les années 1960 comme forme de protestation
    sociale, de dénonciation et de rébellion, le terme « rap » est l'acronyme de « rhythm
    and poetry ». Il « consiste le plus souvent à égrener des couplets rimés, séparés par des
    refrains accompagnés de rythmes (beat, scratching, échantillonage) » (Tapé 2013). Lire
    à ce propos le volume d'Annarita Taronna, The languages of the ghetto (Roma, Aracne,
    2005).

d'abriter un quart de la population totale[7] et pour cela espace où coexistent les formes les plus disparates de marginalisation. C'est au plus fort de la crise signalée qu'émerge une jeunesse d'autant plus perdue et sans espoir qu'elle est confrontée à la dureté du chômage et à la précarité. Enfants de la rue ou « bakrôman », chauffeurs ou crieurs de « gbaka »,[8] petits malfaiteurs désireux d'échapper à tout contrôle éventuel de la part de policiers, enseignants, parents, ou de contester le système clos des privilégiés, tels sont les acteurs qui animent cette prise de parole, forme de résistance envers la langue standard appartenant à l'élite tenue pour responsable de la précarité vécue.

À son origine, la fonction du « parler jeune » est double : identificatrice (grâce à sa pratique les jeunes marginaux se distinguent des autres) et cryptique (pour communiquer des messages que l'on ne veut pas partager avec ceux qui sont exclus du groupe des proches) (Queffélec 2007 : 277-291). C'est en effet l'appartenance à un groupe social spécifique par ses codes et par son positionnement qui prime. Considérés comme la langue des exclus d'un système scolaire sélectif, les parlers de ce type ont ensuite débordé de leur milieu d'emploi initial et se sont étendus à l'ensemble de la jeunesse urbaine. Un code comme le nouchi surgit dans l'innovation et la déviance, deux éléments répondant à la volonté de se distinguer pour s'éloigner de tout ce qui représente l'autorité, en particulier « la langue nationale, au même titre que l'hymne national, la fête nationale, le drapeau et autres symboles » (Kadi 2013 : 2). Bien que parti du degré le plus bas de l'échelle sociale, il s'élève aujourd'hui au niveau de la dénonciation de la réalité latente de la part de rappeurs très courageux. Si avec Garba 50 on assistait à une critique ouverte de la pénurie actuelle tout comme des horreurs de la guerre (« Disparitions, charnier, déchets toxiques, coupures d'eau », Garba 50, *Côte d'Ivoire Kabako*, 2010),[9] Billy-Billy s'adresse directement au Président de la République Alassane Ouattara

---

7   Sur une population totale de 29.389.150 habitants, Abidjan concentre 36% de la population urbaine (données du dernier Recensement général national de la Population et de l'Habitat RGPH 2021, https://www.gouv.ci/_actualite-article.php?recordID=13769, consulté le 23/11/2024).

8   « Minibus privé à 22 places avec un parcours fixe (même principe que les autobus de ville) » (Ploog 2002 : 260).

9   La guerre civile commence le 19 septembre 2002 et se termine officiellement le 11 avril 2011, date de l'arrestation de l'ancien Président Laurent Gbagbo. Longtemps incarcéré auprès de la Cour Pénale Internationale de La Haye, il a été libéré le 1er février 2019 et a fait retour dans son pays natal le 17 juin 2021.

(Billy-Billy, *La lettre au Président*, 2013)[10] et Nash, surnommée « la go cracra du Djassa »,[11] s'habille avec les couleurs du drapeau ivoirien pour chanter l'hymne national totalement reformulé en nouchi (Nash, *Panpanly ivoire*, 2014).[12]

C'est ainsi que de nos jours ce parler argotique ivoirien s'épanouit dans des domaines non plus exclusivement oraux, mais dans les textes des chansons rap, reggae et zouglou, dans les affiches électorales et les slogans publicitaires, ayant tous indistinctement la fonction d'attirer l'attention du plus grand nombre.

Analyse du corpus sélectionné

Notre corpus se compose d'une discographie rap d'une vingtaine de titres publiés à partir des années 2000 jusqu'à nos jours et enrichie des paroles de Roche Bi, Infarktus, Guyzo le Choco et Kiff No Beat pour qui l'onomastique choisie est révélatrice de la volonté sous-jacente. Le duo Garba 50, formé par deux étudiants universitaires désabusés, renvoie au plat d'attiéké, une semoule de farine de manioc, généralement accompagné de thon frit, qui constitue la base de l'alimentation ivoirienne. Le numéral désigne le prix en CFA pour indiquer l'impossibilité de se procurer les biens de première nécessité. Billy-Billy, originaire de Daloa, ville bété du centre, pourrait tirer son nom du camfranglais, où cette forme dédoublée indique une boisson alcoolisée à base de maïs ou de mil qu'on retrouve partout en Afrique Occidentale Française. Quant à Nash, fille prodige du rap ivoirien pour ses concerts, sa production d'artistes comme les Lekiptip, son bénévolat au *Festival Hip Hop Enjaillement*, en passant par son journal télérappé, elle est originaire de Guizotron, dans le département de Duekoué dans l'Ouest du pays, et joue avec son prénom Natacha qui subit une anglicisation graphique (ch>sh), une syncope (ta) et une troncation par apocope (a) d'où elle obtient Nash. Les titres des chansons répertoriées sont souvent évocateurs du sujet traité par le biais d'un mot nouchi, métaphore de la réalité vécue, comme il arrive pour *Bengué drama* de Garba 50, où le premier terme désigne la France, ou plus en général l'Occident, avec un texte qui s'étend sur les multiples tentatives des jeunes Ivoiriens pour quitter leur pays d'origine à la recherche d'un ailleurs souvent mythisé.

L'univers représenté se concentre sur Abidjan décliné selon les toponymes des quartiers qui le composent, parfois des zones antithétiques comme le quartier

---

10 Peu de temps après la sortie de cette chanson, Billy-Billy échappe à une tentative d'enlèvement et depuis lors vit exilé en France.

11 Il s'agit d'une expression nouchi qui signifie « la dure fille du marché ».

12 L'hymne national ivoirien a pour titre *L'Abidjanaise* (1960, musique de Pierre-Michel Pango, paroles de Pierre-Marie Coty, avec une adaptation de Mathieu Vangah Ekra).

administratif du Plateau (Roche Bi, *PDG des namas*, 1991), « les glôglô d'Adjamé » (Guyzo le Choco, *Footballeur*, 2013) et la commune surpeuplée de Yopougon, lieu de départ des artistes qui soulignent ainsi le point d'ancrage du nouchi, un endroit qu'ils connaissent tellement bien qu'ils arrivent à en distinguer les composants, tel Sicogi, lieu de rencontre des partisans de Laurent Gbagbo (Garba 50, *Survivant*, 2009), très fréquenté par ses électeurs, mais aussi par ses détracteurs.

Pour ces jeunes soudés par les difficultés du quotidien, les anthroponymes servent à accentuer la distance avec, d'un côté, le monde des sportifs comme les Éléphants (surnom de l'équipe ivoirienne) et Drogba, le footballeur divinisé vu que « affaire de footballeur a pris tête de toutes les gos » (Guyzo le Choco, *Footballeur*, 2013), ou encore avec la politique que l'on pointe du doigt, «Tu as vu ce que Soro a fait / Ce que Blé Goudé veut ? » (Garba 50, *Côte d'Ivoire Kabako*, 2010).[13] De l'autre côté, et autour de ces noms propres, gravite tout un monde fourmillant de noms communs, des « djôsseurs », en nouchi surveillants de véhicules (« djô » est un verbe nouchi qui signifie prendre dans le sens de prendre soin de, garder, surveiller, Roche Bi, *PDG des namas*, 1991), aux « garbatigui » ou « vendeurs de garba » (Guyzo le Choco, *Footballeur*, 2013), des « Mauritaniens », qui proposent une multitude d'objets dans leurs boutiques en plein air, aux « Libanais », qui s'occupent de la restauration, surtout pour ce qui concerne la préparation du « shawarma », une sorte de kebab (Garba 50, *Abidjan*, 2013).

Les mots les plus récurrents renvoient aux difficultés matérielles et émotionnelles, à des domaines sémantiques bien précis tels que l'argent (« Ça ment » : loc. Les temps sont durs ; syn. C'est mou. « J'ai même pas cinquante francs pour payer galette tellement ça ment », Garba 50, *Abidjan*, 2013), les aventures amoureuses (« Filer du jus » : loc. faire l'amour ; syn. Casser le kpêtou, grê, mougou. « On danse le zouglou et nous on file un peu les gos aussi. Ça réussit comme ça », Bilé Didier et Les parents du campus, *Gboglo Koffi*, Album, Abidjan, 1991) et la politique (par exemple, « Gbangban » : n. m. Palabre, problème, conflit. « On n'a que ce pays (…). Ne le détruisons pas à cause des gbangbans politiques », Collectif Molière, *Préservons le pays*, 2003). Des sujets partagés par des jeunes à problèmes, aux prises avec les réalités d'une existence embrouillée que l'on n'hésite pas à critiquer dans une intention pédagogique, comme le fait Nash en 2002, lorsqu'elle sort *Première djandjou*, où « djandjou » est un terme nouchi désignant une fille légère qui vend

---

13 Guillaume Soro a été Premier ministre de 2007 à 2012 et Président de l'Assemblée nationale ivoirienne de 2012 à 2019, alors que Blé Goudé a été ministre sous Laurent Gbagbo avec qui il était détenu à La Haye avant sa libération en 2019 et son retour au pays en 2022.

son corps pour de l'argent ou des cadeaux.[14] Il s'agit en même temps de la parodie du foudroyant succès de 2000 de Magic System *Premier gaou*, où « gaou » traduit « sot, stupide ».

Puisque ces parlers mixtes émergent dans un pays où il n'existe aucune langue véhiculaire couvrant l'ensemble du territoire, ils impliquent l'intégration de deux ou plusieurs codes linguistiques différents dans une situation de contact de langues (Calvet 1994 : 30-35, Blanc 1997 : 207). Le nouchi se présente comme un mélange de termes français et d'emprunts à d'autres langues européennes surtout à l'anglais, tel le verbe surexploité « enjailler » pour aimer ou s'amuser (« to enjoy »), qui peut être également utilisé à la forme passive pour séduire et qui donne le substantif « enjaillement », dans le sens d'amour. Rappelons, toujours de l'anglais, « luck » pour chance, « Si j'ai locke, ce que je trouve c'est ça je mange » (Garba 50, *Survivant*, 2009), ainsi que « go », un terme fort productif en nouchi (Guyzo le Choco, *Footballeur*, 2013) (Kadi 2014 : 211), qui pourrait venir par déformation de l'anglais « girl », tout comme par apocope de la racine du français argotique « gonzesse », et qui remporte le même succès en camfranglais, autre exemple de langue des jeunes au Cameroun que nous approfondirons dans le chapitre suivant.

Les idiomes qui constituent l'échiquier ivoirien forment des néologismes parfois dus à un mélange de toutes ces réalités confondues, en particulier le dioula, la langue des commerçants diffusée dans la plupart des régions de l'ancienne Afrique Occidentale Française. Et aussi le français argotique « tchatche », plus le français standard « parler » qui ensemble donnent « tchapa » (Aboa Abia 2009 : 12). Une autre possibilité créative assez exploitée consiste dans le redoublement, comme par exemple « côcô » pour escroquer, profiter (« Je ne côcô plus, je peux tout m'acheter », Garba 50, *C'est l'argent qui fait tout*, 2010) et « kètèkètè » pour se débrouiller (« J'ai kètèkètè, dèmain dèmain, le taman [argent] est versé », Nash, *Première djandjou*, 2002).

Des acronymes célèbres sont parfois resémantisés en nouchi, tout comme des substantifs du français standard. Tel est le cas de l'automobile BMW qui devient Belle Mère Wobè, où ce dernier terme est présent aussi dans la forme verlanisée « bèwo », les deux signifiant ignorant (Roche Bi, *PDG des namas*, 1991). Prenons également les exemples de « drap » : « Elle l'a drap en classe (Elle l'a insulté devant la classe). Je suis en drap de ça (Je suis au courant de ça). Y'a pas drap (Pas de problème) » (Aboa Abia 2009 : 12), et de « Cambodgiens » pour les étudiants

---

14 Tout au long de notre article, nous nous servons du *Dictionnaire* de Germain-Arsène Kadi (2017) ainsi que du site www.nouchi.com créé en 1998 en tant que base de données du lexique nouchi et fonctionnant comme une vitrine de rencontre et de partage.

qui partagent une chambre dans une cité universitaire avec des amis. Encore, « science », en nouchi affaire, donne par suffixation régulière « sciencer » : « Je science à ma life, mes projets » (Garba 50 avec Nash, *Bengué drama*, 2011), équivalant à s'intéresser. Pareillement, de « flash » on obtient « flasher » comme en français familier, mais ici resémantisé pour blesser : « Ils m'ont flashé, je suis mort » (Garba 50 avec Nash, *Bengué drama*, 2011).

Ce vocabulaire peut se construire à partir d'onomatopées (« gbangban », dioula pour conflits dans la sphère politique, Garba 50, *Abidjan*, 2013) ou de métaphores (« zié rentré »: impolitesse ou insouciance, « C'est ziés rentrés ou bien ? » dans le sens suivant : « Êtes-vous aveugles ? », Nash, *Première djandjou*, 2002). Même la suffixation peut avoir lieu sur la base de suffixes comme l'anglais « man », par exemple « bakrôman » ou enfant de la rue.

Selon Blaise Mouchi Ahua, l'usage de l'orthographe française n'est pas aisé, voilà pourquoi « nombre de mots sont écrits différemment, parfois de façon fantaisiste » (Ahua 2010 : 100). Une instabilité qui émerge de toutes les ressources analysées et est déterminée par « la maîtrise des différentes langues dont dispose le locuteur » (Gadet et Ludwig 2015 : 94). Cela renvoie à la caractéristique principale du nouchi qui est une forme de communication éminemment orale, donc rapide et pragmatique, et en évolution perpétuelle. C'est pour cette raison qu'à notre avis les spécialistes remarquent parfois une certaine tendance à la simplification syntactique (« Le nouchi n'a pas de syntaxe propre, il utilise la syntaxe du français standard et du français populaire ivoirien », Kouadio 2007 : 92),[15] vu qu'on relève une prégnance moins forte de la syntaxe sur le schéma sémantique, ce qui prime également à cause de son oralité dominante.

Dans les textes que nous avons répertoriés, on enregistre un recours massif à la juxtaposition qui permet l'accumulation aussi bien des idées que des renvois pour passer rapidement d'un message à l'autre. Cela aussi bien pour des exigences métriques que rythmiques, dans le but d'une focalisation rapide pour introduire à chaque fois un nouveau sujet. Il est donc très fréquent de retrouver des phrases nominales juxtaposées où domine l'art du raccourci et du sous-entendu tout comme en français central. D'habitude, la subordination ne dépasse pas le premier niveau (les adversatives sont en général introduites par *mais*, les causales par *parce que*, les relatives par *que* polyvalent).

---

15 À propos de la syntaxe du nouchi, voir les études de Atse N'Cho (2014 : 1-16) et de Sande (2015 : 243-253).

Tout au long de ses recherches, Jérémie Kouadio N'Guessan souligne que les verbes empruntés aux langues locales restent invariables, par exemple « dja » (tuer ou mourir), « je suis en train de dja » (Garba 50 avec Nash, *Bengué drama*, 2011), d'où l'importance du contexte pour la compréhension (Kouadio 2008 : 183). Quant à Blaise Mouchi Ahua, il confirme la tendance, d'ailleurs déjà relevée par d'autres chercheurs à propos du français parlé en Côte d'Ivoire (Ploog 2002), du respect de l'ordre direct sujet-verbe-objet (SVO) typique du français standard (Ahua 2008 : 15) : « Je djô les namas » pour « Je surveille les voitures » (Roche Bi, *PDG des namas*, 1991). Les temps verbaux sont généralement axés autour du présent et de l'imparfait de l'indicatif : « Je pôpô pour tous les gomis du gloki » où « pôpô » est le verbe nouchi qui reste invariable et la phrase signifie « Je parle au nom des filles de la cité » (Nash, *Première djandjou*, 2002). Dans le même texte, nous trouvons un verbe nouchi régulièrement accordé à l'imparfait : « c'est ça qu'il dindinssait chez moi », dans le sens de « regarder, vouloir ». Lorsque d'autres temps font leur apparition, cela semble suggérer une volonté bien précise de la part de l'auteur, comme dans le vers « Je l'aurais cherché, je l'aurais trouvé », où émerge l'atténuation ludique (Merle 2001 : 8).

Quant aux pronoms démonstratifs, ils assument la valeur neutre de cela : « Je ne suis pas dans ça hein ! Faut quitter dans ça même », que l'on pourrait traduire de la manière suivante « Je suis passée à autre chose ! Laisse tomber » (Nash, *Première djandjou*, 2002), autant de marques pour renforcer le discours en acte, tout comme *y*, pronom à fonction actualisante exploité dans des locutions récurrentes comme « y a fohi » pour « il n'y a rien, tout se passe bien » (Nash, *Première djandjou*, 2002). Le trait de l'oralité est encore reconnaissable dans l'accumulation des déictiques comme là-bas qui véhicule une idée de distanciation par rapport à l'émetteur, ou encore, plus simplement, -là : « Maison-là est gbé de gens [...] Maison-là est remplie on dirait c'est pour faire élevage. » (Billy-Billy, *Allons à Wassakara*, 2007).

Les signaux discursifs sont aussi exploités (disons, tu comprends, hei, au secours) plus les questions directes au/x destinataire/s. Les phatismes au début et à la fin de la chanson se font remarquer pour établir un contact et un échange avec l'auditoire, qui, les renvoyant à son tour, assure la réception du message et sa participation active (Yo, Eyo, Ok). Les allocutions sont pareillement fréquentes lorsque l'artiste s'adresse directement à son interlocuteur (ma, pa, bro, vieux), à son adversaire, à un autre artiste qu'il considère comme son maître ou à lui-même.

On retrouve d'autres aspects révélateurs dans le choix des pronoms personnels qui exploite surtout les pronoms je/tu, acte illocutoire pour renforcer ce rapport que l'émetteur cherche à établir avec son destinataire. Ce dernier peut aussi être interpellé par des interrogatives telles que : « Tu vas faire comment comment ? » (Guyzo le Choco, *Footballeur*, 2013), où le pronom interrogatif se trouve postposé et dédoublé pour créer un effet d'insistance. Il en est de même pour les adverbes : « Avant avant tu joues ballon on dit tu es vagabond / Mais aujourd'hui y'a même plus place dans centre de formation » (Guyzo le Choco, *Footballeur*, 2013). Ces deux derniers vers nous montrent la tendance au redoublement, non seulement en ce qui concerne la formation lexicale, mais aussi morphologique, afin d'amplifier l'éloignement temporel. On remarque également la simplification généralisée, typique de l'expression orale, qui évite les prépositions, les relatifs, les sujets impersonnels et une des deux marques de la négation, d'habitude « ne ».

Comme pour les « parlers jeunes » en général, ce qui semble être spécifique du nouchi, a trait au lexique qui, de par son hétérogénéité, constitue nécessairement la partie la plus savoureuse du point de vue de la panoplie des modalités créatrices utilisées. Ces paroles du rap ne surgissent pas d'un manque d'équivalents en français, comme c'est le cas des *realia* (plats, danses, musiques). Ici, elles doublent des mots français que l'on veut expressément éviter. La raison d'un tel succès est à chercher dans l'absence de contraintes normatives. Si l'on peut observer des productions originales, il faut également rappeler qu'elles sont souvent dues tantôt à des procédés sémantiques (parmi ceux-ci, on peut citer la dérivation, la métaphore, la métonymie, l'extension du sens), tantôt à des procédés formels (la troncation et le dédoublement) qui ne sont pas originaux, mais qui se retrouvent aussi bien dans le français populaire (Gadet 1992) que dans le français des jeunes de l'Hexagone (Bertucci 2011) ou d'autres réalités francophones.

Conclusion

Les paroles des rappeurs véhiculent des modalités variationnelles qui attestent l'amplification du nouchi. Son point de départ réside en la langue française qui le nourrit et s'enrichit à son tour d'images, référents et rythmes nouveaux, résultat des multiples modalités d'appropriation de cette langue par les locuteurs ivoiriens. Le nouchi manifeste ses caractéristiques identitaires, cryptiques et ludiques, tout comme son engagement politique et social, mais c'est plutôt le pouvoir d'attrait multiplicateur qui tend à prévaloir (Auzanneau 2001 : 711-734) : les rappeurs ivoiriens rivalisent en création vertigineuse d'une langue dont la portée ne cesse de remonter toutes les marches de l'échelle sociétale, vu que désormais les différentes couches de la population ivoirienne se sont familiarisées avec le nouchi et peuvent le reconnaître, le comprendre et l'utiliser.[16] Solidement ancrée dans une expression linguistique du terroir et commune aussi bien aux émetteurs qu'aux destinataires, cette modalité « en passe de devenir l'une des formes d'expression de l'identité culturelle de cette jeunesse » (Kouadio 2010 : 631), appartient essentiellement à l'univers urbain, mais elle déferle grâce à son dynamisme linguistique et à une médiatisation variée (radio, télévision, Internet).

Parti des exclus des rues du ghetto, le nouchi a fini par conquérir même les représentants de l'État ivoirien, tous partis politiques confondus,[17] qui reconnaissent son pouvoir rassembleur et l'utilisent, bien évidemment pour des raisons différentes, que ce soit la recherche d'un consensus ou pour faire preuve d'authenticité.[18] De leur côté, les chercheurs de l'Université de Cocody (Abidjan), sensibles à ce problème, avaient organisé en tout premiers (17-19 juin 2009) un colloque pour s'interroger sur cette « manifestation linguistique passagère du mal de vivre de la jeunesse, ou alternative possible d'une identité ivoirienne en construction », comme le précisait le sous-titre de l'événement.

Du point de vue sociologique, on a tendance à remarquer que l'éloignement de la forme la plus cryptique est directement proportionnel au niveau d'études

---

16 Le nouchi est entré depuis longtemps dans la production écrite ivoirienne, avec Bernard Zadi Zaourou qui l'a introduit le premier au théâtre dans *L'Œil* (1975). Pour le roman, on rappelle *Secret d'État* de Diégou Bailly (1988), *Allah n'est pas obligé* d'Ahmadou Kourouma (2000) et *L'État Z'héros ou la guerre des Gaous* de Maurice Bandaman (2016). Quant à la paralittérature, *Aya de Yopougon*, bande dessinée ivoiro-française, avec les textes de Marguerite Abouet et les dessins de Clément Oubrerie (premier volume, 2007), exploite le nouchi surtout en ce qui concerne les interjections. On rappelle également la mini-série télévisée *Brouteur.com*, tout comme la presse écrite qui avait commencé à l'exploiter dans l'hebdomadaire *Ivoire Dimanche* désormais disparu des kiosques. La relève a été assurée par *Gbich !*, onomatopée nouchi qui signifie « pan ! », dont le premier numéro est paru le 7 janvier 1999 et qui continue encore son activité de critique libre de toute contrainte politique. La présence du nouchi est évidente dans la métropole d'Abidjan où il apparaît souvent dans les affiches électorales et les slogans publicitaires. Par exemple, en 2002, à l'occasion du concert des *Steel Pulse*, on pouvait lire « Ça va dja » (au lieu de « Ça sera génial ») et encore « À Adjamé on KOZ en gbonhi » (pour « À Adjamé on parle en groupe »).

17 Le 26 novembre 2009, l'ancien Président Henri Konan Bédié, candidat aux élections présidentielles, a farci son discours de termes nouchi devant ses électeurs réunis au Parc des Sports de Treichville, un quartier populaire d'Abidjan (Cf. Boutin et Kouadio 2015 : 257).

18 Lors de la 39ème session de l'Assemblée parlementaire de la Francophonie, en juillet 2013, l'actuel président Ouattara a accueilli avec des mots nouchi l'ancien secrétaire général de l'Organisation internationale de la francophonie (OIF), Abdou Diouf.

atteint par les locuteurs, dans le sens que plus ce dernier est élevé et plus ils sont sensibles au respect des règles apprises bien qu'ils ne se détachent pas de l'oralité initiale afin de préserver le contact avec leurs camarades de jadis ou leur quartier d'origine. En second lieu, la fonction identitaire est certes essentielle, mais il faut faire la part de la dimension ludique et des nouvelles technologies. Si au début on parlait d'un code appartenant exclusivement aux jeunes, maintenant il est admis de penser que ceux qui ont grandi avec le nouchi le pratiquent encore. Il ne faut pas oublier non plus que la notion occidentale de jeune ne correspond pas à ce qu'on envisage avec cette catégorie en un pays africain où l'espérance de vie moyenne est bien plus basse[19] qu'en Europe (Boutin et Kouadio 2015 : 255). Par rapport aux prémisses initiales, le nouchi semble alors se répandre en vagues successives pour instaurer des relations osmotiques entre les locuteurs et leurs exigences communicatives, en relation surtout avec le contexte sociopolitique et le pouvoir des réseaux sociaux.

Il est vrai, comme on vient de le voir, qu'un important support de vulgarisation du nouchi est la musique des jeunes, mais on pourrait également citer d'autres produits culturels (humour, films, émissions) diffusés par les mass-media si bien que le nouchi est présent dans tous les recoins du pays. Un fait accentué par l'extension des différents supports évoqués par le canal du téléphone portable qui arrive dans les hameaux les plus reculés. De plus, le nouchi est présent dans les nations de la sous-région ouest-africaine, une tendance qui s'explique par la forte présence de ces communautés en Côte d'Ivoire et les va-et-vient entre les différents pays.[20] On en relève également des traces auprès de la communauté ivoirienne de Paris (Gadet et Ludwig 2015 : 95) pour qui le nouchi constitue un élément de repère, de partage et aussi de divertissement.

En conclusion, il nous semble possible d'envisager trois motifs qui poussent les rappeurs ivoiriens à se servir du nouchi. Premièrement, cette langue des jeunes, code linguistique interculturel, arrive à satisfaire les exigences dont le rap constitue l'expression créative. Deuxièmement, elle facilite la rencontre et le partage des valeurs politiques éminemment participatives, par le biais des plus récentes technologies. Enfin, on envisage deux tendances successives. Les précurseurs du rap en Côte d'Ivoire sont les membres du groupe ABC (Abidjan City Breakers) dont

---

19 En 2022, l'espérance de vie moyenne en Côte d'Ivoire était de 59 ans, selon les données de la Banque Mondiale (Cf. http://donnees.banquemondiale.org/pays/cote-d'ivoire, consulté le 23/11/2024).

20 Rappelons que dans la plupart des films burkinabé récents on trouve des mots nouchi. C'est le cas de *Mogo puissant* de Boubacar Diallo (2007) et de la série béninoise *Agbavia* (Kadi 2017).

la figure de proue est Yves Zogbo Junior, donc des enfants de l'élite bourgeoise qui sont partis étudier à l'étranger et font de ce rap, contrairement aux USA, un fait de « fils à papa ». Avec la crise des années 1990, la tendance change et l'avènement du groupe RAS, de Rap Kenny et de Roche Bi qui sont issus des classes populaires fait en sorte qu'ils chantent en nouchi, langue qu'ils utilisent comme locuteurs, langue vivante de l'impulsion immédiate et des émotions primitives créant un effet d'informalité qui renvoie à un milieu social et culturel lié à la situation contingente du pays.

Dans leur rayonnement fulgurant, les rythmes du rap et les paroles du nouchi semblent aller de pair, indices de cette énergie créatrice débordante à la forte prégnance sociale et politique qui a connu un développement prodigieux à cause de la paupérisation et de l'insécurité engendrées par la guerre.[21] C'est ainsi qu'ils arrivent à déferler dans le panorama français rebondissant dans le titre *On s'enjaille* du célèbre rappeur d'origine marocaine La Fouine en 2011 et s'incrustant dans le français de France où le verbe « s'enjailler » a fait son entrée en 2017, ce que nous expliquerons dans notre quatrième chapitre.

---

21 Si le rap a toujours été présent dans la production musicale africaine, c'est en 2011 que le monde découvre l'envergure de l'engagement des artistes rap en Afrique, parce que les messages de la révolte des jasmins au Maghreb sont véhiculés sur ses notes. Ce rythme continue de se lever aux quatre coins du continent à chaque fois qu'on enregistre une tentative de changement constitutionnel. On l'a vu très clairement au Burkina Faso avec le rappeur Smokey et son mouvement du *Balai citoyen* qui a chassé Blaise Compaoré en 2014.

Chapitre II
Du français anglicisé,
ou l'exemple du camfranglais au Cameroun

Si dans une étude précédente, j'avais souligné l'importance du camfranglais, langage composite surgi chez les jeunes Camerounais afin de communiquer entre eux et insisté sur la notion de « parler jeune » (Raschi 2019), ce nouveau chapitre dessine le cadre historique de cette parlure et en illustre les nombreuses propriétés lexicales. Il mise sur l'apport et la présence de l'anglais dans les paroles du rap autochtone puisque cet argot déborde de son milieu d'emploi initial pour s'étendre à l'ensemble de la jeunesse urbaine, constituant un exemple intéressant parmi les multiples formes de l'éclosion linguistique africaine dont je viens de présenter le nouchi de Côte d'Ivoire.

Contexte historique

Le toponyme Cameroun est dû aux premiers explorateurs portugais qui en 1471 baptisent ses côtes « Rio dos Camarões » ou « Rivière des crevettes », syntagme qui, par déformation, a donné le nom de cette république (Tsofack 2006 : 111). Les bases maritimes et commerciales voient ensuite s'alterner Hollandais et Anglais pour finir avec les Allemands qui, en 1884, en font un protectorat.[1] Les nouveaux arrivants visent l'instauration d'une politique de germanisation, mais très peu d'étudiants camerounais apprennent l'allemand avant la Première Guerre mondiale, parce que les procédures nécessaires à l'enseignement tardent à être organisées (Nzesse 2009 : 19). En 1919, le Traité de Versailles qui établit les conditions de la paix à la fin du conflit, décide du partage de l'empire colonial germanique entre la France et l'Angleterre victorieuses et donc le Cameroun subit le même sort (Zang Zang 2010).

Par rapport aux autres nations de l'Afrique contemporaine, le Cameroun présente quelques particularités : d'un côté, il occupe une position géographique assez spéciale, vu qu'il relie l'Afrique Occidentale à l'Afrique équatoriale ; de l'autre, il s'agit d'un pays menant une politique linguistique bilingue français et anglais, comme l'énonce l'article 1 de la Constitution dans son troisième point, selon lequel les deux langues officielles jouissent partout d'une même valeur.

---

1   Cela s'est passé également au Rwanda qui fera l'objet de mon troisième chapitre.

Dans les faits, on impose le français aux quatre cinquièmes de la région et l'anglais au cinquième restant (Nzesse 2009 : 22). Le français prime toujours, vu que huit provinces sur dix sont francophones et d'autant plus que les deux villes principales, Yaoundé, la capitale politique, et Douala, la capitale administrative, se trouvent également en zone francophone, ce qui est important quant au nombre d'habitants et aux échanges possibles. La situation linguistique au Cameroun, ainsi que dans les autres pays africains francophones, apparaît comme particulièrement enchevêtrée. Ladislas Nzesse énumère au moins deux cent quatre-vingts langues présentes sur le territoire du Cameroun, ce qui est à la base d'une situation socio-linguistique hétérogène et détermine l'émergence d'un idiome hybride appelé camfranglais qui, comme on le verra, connaît une dispersion et une pénétration importantes dans la totalité du pays (Nzesse 2009 : 15).

Quelques aspects sociolinguistiques

Comme je l'ai déjà souligné dans le cas du nouchi, Fosso note que « le camfranglais apparaît comme un phénomène discriminatoire, réservé à des classes de jeunes de quinze à vingt-cinq ans qui ont envie de montrer qu'ils peuvent s'exprimer en toute liberté et en toute complicité » (Fosso 1999 : 192) par une volonté de se différencier et de s'éloigner des détenteurs du pouvoir, qu'ils soient gouvernants, parents ou professeurs, et de tous ceux qui véhiculent les normes sociales et linguistiques.

Connu aussi sous l'acronyme CFG, le camfranglais est généralement présenté comme un parler composite, né du contact et du mélange entre le français, l'anglais et les langues camerounaises. Selon Edmond Biloa, son évolution est très rapide parce qu'il s'agit d'un phénomène essentiellement oral : l'écrit resterait marginalement confié aux paroles des chansons tout comme aux articles de la presse aux titres accrocheurs et en prise directe sur l'actualité. Les spécialistes tentent de quantifier les éléments qui entrent dans la composition linguistique de ce parler jeune : il s'agirait d'une créativité lexicale composée d'une dominante française dans 60% des occurrences, de 25% d'anglais, de 10% fruit de la créati-vité langagière et le reste emprunté aux langues camerounaises (Biloa 2006 : 18). L'appellation traduit dans sa syllabe d'ouverture « cam- » l'affirmation d'une certaine identité nationale et, implicitement, le désir d'une langue commune à tous ayant pour but de dépasser les clivages ethniques, géographiques et même sociaux (Queffélec 2007 : 282).

Au début, le camfranglais était employé dans le contexte familial pour ne pas se faire comprendre des parents lorsqu'on voulait aborder certains sujets plus délicats, voire interdits, sans s'attirer leur colère. Peu à peu cet idiome est sorti des foyers pour gagner d'autres milieux, les collèges et les lycées, les campus universitaires, les centres urbains et spécialement les rues de villes comme Yaoundé et Douala. Il a également assumé une fonction ludique, repris comme il est par les humoristes, les journalistes et les auteurs des bandes dessinées.[2] Une telle pratique rappelle ce qui se passe un peu partout en Afrique non seulement à cause des processus linguistiques mis en œuvre, mais aussi du fait que ces parlers sont nés et évoluent dans des contextes plurilingues où il ne s'agit plus pour les jeunes de revendiquer une identité ethnique ou régionale à travers une langue transmise par la famille, mais de se construire de nouvelles identités. Soulignons que le camfranglais n'est pas utilisé à cause d'un manque d'équivalents en français, mais pour doubler des termes appartenant au français que l'on veut expressément éviter (Ntsobé, Biloa, Echu 2008).

Au Cameroun, les jeunes qui parlent camfranglais s'approprient le français de telle façon qu'il leur permet de véhiculer une identité non seulement francophone, mais également urbaine et sans doute nationale (Feussi 2011 : 23). La raison d'un tel succès est à rechercher dans l'absence de contraintes normatives, ainsi que dans l'adaptation aux besoins et à la créativité des utilisateurs, comme c'est le cas de la verlanisation et de la reverlanisation également dans le contexte français (Harter 2007 : 253-266).

Dès ses premières recherches, Carole de Féral relevait chez des jeunes de Douala et de Yaoundé, l'existence de pratiques langagières faisant appel à certains mots autochtones ou anglais (par exemple, « kolo » pour mille ; « kwat », quartier ; « do », faire ; « go », aller) qui seraient insérés aujourd'hui dans le camfranglais, mais que les locuteurs interrogés, élèves et étudiants pour la plupart, appelaient à cette époque « français makro », dans le sens de « français des voyous », ce qui constituait également une option rappelée dans le cas du mot « nouchi » (de Féral 1989 : 20-21). Une telle dénomination semble avoir disparu et depuis les années 1980, enseignants, chercheurs et journalistes font référence au camfranglais en tant que manifestation de l'évolution et de l'expansion de ce « français makro ». Dans certains articles parus sur le sujet, le terme « camfranglais » (prononcé [kam]) est fortement concurrencé par « francanglais » ; c'est surtout Valentin Feussi qui insiste sur cette dernière appellation (Feussi 2007 : 33-50). Contrairement à « français makro », « camfranglais » ou « francanglais » n'affichent pas la pratique d'une langue (comme le français) unie à une classification d'ordre social plutôt dépréciative (« makro »), mais un objet linguistique apparemment délimité,

---

2   Citons en tant qu'exemple le magazine *100% jeunes* fondé en 2000 pour lutter contre le VIH / sida (Andriot-Saillant 2009 : 313-320).

socialement et linguistiquement valorisé, réunissant en un mot valise les noms des deux langues officielles du pays.

Ces dénominations soulignent la présence de l'anglais à côté du français et suggèrent que le camfranglais est parlé par des sujets effectivement bilingues, qui feraient ainsi de l'alternance codique. Or, la plupart des jeunes Camerounais francophones ne possèdent de l'anglais que ce qu'ils ont appris à l'école. Soulignons un fait important : dans ce pays officiellement bilingue, la communauté francophone et la communauté anglophone ne se mélangent généralement pas (Ethé 2013 : 114-119). S'il est donc absolument nécessaire d'être francophone pour parler camfranglais, il n'est point besoin de connaître l'anglais. Le camfranglais n'est pas un code mixte comme le franlof (ou francolof) des intellectuels de Dakar où « les locuteurs recourent au mélange de français et wolof de manière telle que la compétence en français du sujet parlant apparaisse comme étant au moins égale à sa compétence en wolof » (Thiam 1994 : 33).

La présence du terme « anglais » dans cette nomenclature risque alors d'entraîner une surestimation de l'influence directe de cette langue (non seulement co-officielle dans le contexte analysé, mais aussi expression privilégiée de la mondialisation) dans les pratiques des jeunes, ainsi qu'une sous-estimation du rôle du pidgin-english en tant que pourvoyeur de mots. Il est très important, en effet, de rappeler que ce dernier est parlé non seulement dans toute la portion anglophone du Cameroun, mais également dans une section de la zone francophone (région bamiléké, Douala, et même, dans une moindre mesure, Yaoundé).

Descriptions lexicales

Comme pour les parlers des jeunes en général, ce qui est saillant en camfranglais, et ce qui semble lui être spécifique, a trait au lexique utilisé, depuis toujours la partie la plus remarquable de ces parlures argotiques. Le numéro de la revue *Le français d'Afrique Noire* de 2009 dresse un inventaire du camfranglais où l'on signale les domaines d'utilisation et les motivations de la créativité langagière qui en ressort (Nzesse 2009). Quant à Carole de Féral, qui insiste sur le fait que faire appel à un mot camfranglais est un choix discursif et non pas une contrainte linguistique, elle choisit deux mots particulièrement récurrents : « nga » pour fille (en tant qu'exemple, elle donne l'énoncé suivant : « La nga était dans le train ») et « do » pour argent (comme dans la phrase, « Il veut toujours que ses do augmentent ») (de Féral 2006 : 212).

Le lexique utilisé ressemble à une mosaïque composée de néologismes mélangés aux emprunts effectués aux différentes langues interpellées. Parmi les modalités de dérivation les plus exploitées s'impose le dédoublement. Voyons les noms comme

« bilibili » (bière locale à base de mil ou de maïs) (Nzesse 2009 : 63) et « zoua-zoua » (onomatopée qui désigne un carburant de mauvaise qualité) (Nzesse 2009 : 167-168). Ce dédoublement est aussi présent dans certaines locutions adverbiales pour renforcer l'effet d'insistance (« fort-fort » ou intensément, « hier-hier » pour il n'y a pas longtemps, « long-long », interminable) (Nzesse 2009 : 95, 103 e 112). On fait encore recours à l'altération et c'est le cas de « ministrion », péjoratif de ministre, fréquent dans la presse écrite pour accuser politiciens et intellectuels d'inefficacité et corruption (Nzesse 2009 : 122). On assiste également à la naissance de mots-valises, par exemple de chômeur et Cameroun on obtient « chômecam », très utilisé dans les journaux pour parler de l'actualité (Nzesse 2009 : 73). Rappelons enfin des cas de troncation, comme pour « asso », un associé, terme affectueux pour se référer à un compagnon (Nzesse 2009 : 57), et « clando », de clandestin, pour tout ce qui reste en dehors de la légalité, utilisé pour des personnes, comme les sans-papiers, ou des choses, comme par exemple les véhicules collectifs sans assurance ni enregistrement (Nzesse 2009 : 73).

Dans la plupart des associations lexicales anglais-français, on remarque souvent que les radicaux sont anglais et que le préfixe est français (le préfixe le plus utilisé en camfranglais est re- : « Regive-moi mes ngops », redonne-moi mes chaussures). La tendance est à la francisation pour les termes venant des langues ethniques, par exemple « ngangament », où la racine de l'ewondo du groupe des langues beti (Ebongue 2017 : 67) est dédoublée, alors que la désinence reproduit celle des adverbes français de modalité. « Nga » signifiant petite amie, donne ici « coquettement ». Encore dans le domaine de la suffixation, on trouve -eur signifiant l'agent : « knoweur » pour connaisseur, et de l'anglais incorrect « by foot »,[3] on obtient « byfooteur », celui qui est féru de marche à pied ; le douala « njoh » pour gratuit, donne « njohteur » ou opportuniste, profiteur (Ebongue et Fonkoua 2010 : 265-266).

L'ensemble des études analysées souligne l'instabilité et la richesse de la production comme reflet d'une société en plein ferment évolutif qui se construit et se dynamise au quotidien (Feussi 2007 : 44). Plus en général, les paradigmes tendent à la simplification morphologique. Dans le cas du substantif et de l'adjectif, les marques de genre et de nombre sont le plus souvent absentes en camfranglais, même s'il existe une opposition morphologique masculin/féminin et singulier/pluriel dans la langue d'origine. Pour le verbe, la situation est complexe d'autant plus que les lexèmes verbaux sont surtout empruntés à l'anglais. Un signe d'hybridation forte consiste à ajouter des morphèmes d'origine française aux lexèmes

---

3   L'expression correcte est « on foot ».

verbaux d'origine anglaise, que ce soit des morphèmes de personne ou de temps, surtout dans le cas de l'imparfait plus facilement reconnaissable : « Je mimba-ais qu'il allait recame » (je pensais qu'il allait revenir) (de Féral 2006 : 218). Considérons le plan de la syntaxe : puisque le français et l'anglais, les deux langues principalement sollicitées, respectent l'ordre direct sujet-verbe-objet, l'organisation de base l'adopte de manière assez régulière.

Problématiques liées à l'usage

À l'intérieur du camfranglais, Augustin Ebongue et Paul Fonkoua envisagent un pôle variationnel haut et un autre bas, plus une variété intermédiaire, bien que chaque variété ne soit pas séparée des autres et que l'on puisse surtout relever des connexions entre elles. Pour preuve, ils analysent des témoignages enregistrés au Lycée Joss de Douala, et un autre corpus collecté par Cécile Edith Ngo Nlend (Ebongue et Fonkoua 2010 : 260).

La première variété serait le camfranglais simplifié des lettrés, utilisé par les lycéens et par les jeunes professeurs de l'enseignement secondaire, ainsi que par un certain nombre d'aspirants fonctionnaires. L'usage de cette variété (acrolecte) leur permet de briser les barrières institutionnelles et formelles tout en affirmant leur appartenance à la jeunesse, de se rapporter aux autres dans un groupe de pairs pour raconter des faits divers ou d'échanger quelques plaisanteries. Sur le plan syntaxique, elle se caractérise par une structure essentiellement française (« J'ai buy un book », de Féral 2006 : 213), ce qui rend ces messages somme toute compréhensibles.

La variété intermédiaire (mésolecte) appartient aux moyens scolarisés, c'est-à-dire à ces jeunes qui, pour des raisons diverses, n'ont pas terminé le cycle secondaire de leurs études. La crise de l'emploi et l'émergence de nombreux métiers précaires favorisent les relations entre des jeunes désœuvrés qui vivent d'expédients et qui occupent la plupart du temps l'espace des marchés. La différence se situe au niveau du lexique et la raréfaction progressive des mots français rend le message presque inaccessible aux non-initiés (« Ma meuf bonjour. Ma big rémé n'aime pas que je go chatte les meufs du lage parce qu'elles sont gniè », pour « Bonjour, ma chérie. Ma grand-mère n'aime pas que je traîne avec les filles du village parce qu'elles sont négligées », Ebongue et Fonkoua 2010 : 263).

En dernière position se trouve le camfranglais des peu scolarisés (basilecte), communément nommé « nanga boko (enfant de la rue, enfant qui dort dehors) » (Nzesse 2009 : 125), qui flânent dans les quartiers administratifs ou commerciaux à la recherche d'un emploi occasionnel. Cette variété est d'autant plus complexe qu'elle est farcie de mots puisés dans les langues camerounaises. Par exemple, « Je go d'abord tum les kakos pour falla les dos des tongos (Je dois d'abord aller vendre quelques objets pour chercher l'argent des bières) » (Ebongue et Fonkoua 2010 : 264), où l'on trouve plusieurs mots d'origine camerounaise, « tum » (vendre), « kakos » (objets divers), « falla » (chercher) et « tongo » (bière). Les locuteurs de cette variété de camfranglais aiment utiliser des formes abrégées (la troncation par aphérèse de chanson donne « son ») et des néologismes de sens (« ballon d'or », pour grossesse). Pour les verbes, on a encore une certaine tendance à adopter des désinences de la conjugaison française sur des radicaux anglais ou issus des langues locales.

Focus sur l'anglais

Bien que l'émergence de l'anglais et du pidgin-english soit liée à de multiples variables, notamment l'exposition et la pratique de cette autre langue officielle, on a des exemples pris au quotidien où leur présence est évidente : « Je call le Dean pour ask les news » (Piebop 2019 : 220). Comme je l'ai déjà proposé pour le nouchi, je vais me pencher sur la textualité du rap camerounais où les paroles choisies sont d'une importance cruciale du point de vue de l'hybridité formelle. Je rappelle ici tout particulièrement la chanson la plus connue de ce contexte linguistique *Si tu vois ma go* de Koppo,[4] qui a marqué un tournant aussi bien pour son métissage linguistique que par sa dénonciation de la situation sans espoir des jeunes générations condamnées à partir pour espérer en un futur meilleur.[5]

Dans le rap en camfranglais, l'anglais occupe une portion remarquable dans les titres (Locko, *That nana* ; Valsero, *Freedom* ; Krotal, *La BO de nos lifes*). On observe surtout la présence massive de verbes anglais qui poussent à l'action pragmatique (« Ils vont lire l'heure / To follow les petites de gars du katier », Stanley Enow, *Tu vas lire l'heure*), expriment des conséquences tragiques (« Qui sont ces jeunes qui kill d'autres jeunes » Valsero, *Qui sont ces jeunes*), des intentions malhonnêtes (« J'ai pas kob / Baby j'irai borrow » Locko, *Je serai là*), le quotidien (« Laissez-moi rire, c'est

---

4   Soulignons le fait que le texte de cette chanson est souvent proposé dans des manuels de didactique du FLE.

5   Ce désespoir constitue le fil rouge de la presque totalité des chansons rap, surtout dans le cas des productions de Valsero, rappeur engagé qui, dans ses textes, attaque directement le régime en place : « Ils pillent, ils volent, ils braquent ce sont des gangsters en costard (Hold up) / Ils contrôlent les sociétés créées par l'état (Hold up) / Ils sont ministres et députés ils votent les lois (Hold up) / Ils parlent tous au nom du patron de l'état / Ils tapent tous dans la caisse ce sont des voleurs en costard (Hold up) / Ils ont condamné la jeunesse à la misère » (*Hold up*, 2010).

la même papa, on speak du popoh » Krotal, *On passe à l'acte*) ou encore le souhait
(« Qu'elle [la jeunesse] *know* l'éducation civique » Valsero, *Va voter*). Ces verbes
sont utilisés aux temps composés (« Ma papa a thank you » Stanley Enow, *Glory*),
présentent des variations orthographiques liées à l'oralité (« Qu'on ne sait plus quoi
raconter à nos mères quand elles wanda / Sur tant de velléité mercantile » Krotal,
La BO de nos lifes), appliquent les règles morphologiques de la langue française
(« Je wakayais ma chose au boulevard du 20 mai » Koppo, *Emma*) et forment des
néologismes de compréhension immédiate (« Mais toi le bantou, le négro ex-
colonisé / À peine mondialisé, tu veux déjà whitisé » Koppo, *Gromologie*).

C'est lors des moments forts qu'on a recours à l'anglais, comme dans le cas des
exhortations (« Work hard men ne tente pas / Si non you go remain for back »
Stanley Enow, *Work hard*) et de l'annonce des projets (« Petite sœur wannagetrich
at all cost » Stanley Enow, *Hein père*, 2013), sans doute dans le but de créer un
effet d'insistance sur l'ensemble de l'auditoire (Dissake et Gratien 2016 : 132), tout
comme lorsqu'on lance un appel aux jeunes (« Fly away », Valsero, *Bamenda*)[6]
afin qu'ils restent unis, qu'ils ne se laissent pas mettre les uns contre les autres.

La répétition d'un mot exprime l'exigence de susciter l'attention de l'auditoire,
surtout quand il s'agit de critiquer la politique accusant directement le Président
(« Faille pas qu'on n'te le dise pas deux fois fais *ton job et ton job* c'est d'arrêter ça »
Valsero, *Lettre au président*), de stigmatiser la dureté des rapports interpersonnels
au sein du contexte familial (« Quand je ask à mon père il me dit que / les femmes
sont trop compliquées / Quand je ask à ma mère elle me dit que / c'est la faute à
ton père », X-Maleya, *Il n'y a plus moyen*),[7] ou encore, plus simplement, de fixer
une expérience dans l'actualité (« Today na today » X-Maleya, *Mariage*), ou dans le
passé (« Mais nul ne peut tromper tout le monde tout le temps / Back in the days
où on nous disait / Avec les colonies on vous civilise », Krotal, *La BO de nos lifes*).
L'anglais souligne plus en général un élément d'importance fondamentale dans le
discours pris au sens positif de l'honneur et de la respectabilité que l'on cherche
(« Nous on est au quat on est high père ! » Stanley Enow, *Hein père*), tout comme
du danger que l'on risque (« Parce que ton père n'est pas trempé tu es condamné
à dead » Valsero, *Hold up*).

Certains mots anglais sont particulièrement récurrents, puisqu'ils traduisent
immédiatement les préoccupations de l'univers des jeunes. C'est le cas de « way »
(« Les mêmes ways les mêmes galères » Krotal, *Tara* et encore « Y a trop d'ingrats,

---

6   Bamenda est une ville importante du Nord-Ouest du pays, où sévissent des forces
     séparatistes anglophones.
7   À propos de ce groupe, Ebongue rappelle le fait que dans leurs textes ils pratiquent de
     l'alternance codique en ajoutant souvent la langue bassa et l'ewondo (Ebongue 2015 : 29).

oui trop de faux ways qui se passent » X-Maleya, *Doumba*), « life » (« Il est temps, man écoute la B.O. de ta life (Street réalité) / Oui, la tienne man, c'est pourquoi depuis ici nous raquons (Street crédibilité) », Krotal, *On passe à l'acte*) et « love » (« Rien à foutre des compliments, donne-moi le détecteur de love » Krotal, *Excellent*). Il en va de même pour les formules d'offense et d'impolitesse très connues aussi dans le rap d'autres contextes linguistiques : « Fuck ces motions de soutien qui entraînent et empestent la merde / […] Man je veux partir » (Valsero, *Ne me parlez plus du Cameroun*), « Je fuck le système juridique » (Valsero, *Ce pays tue les jeunes*) et encore « Yes, I speak English mother fucker » (Krotal, *Excellent*).

Conclusion

Dans ma lecture des textes rap, j'ai repéré et analysé les anglicismes présents pour en détecter les modalités d'utilisation et, dans quelques cas, de répétition. J'ai donné la priorité à la définition de mon corpus, tout comme aux modalités et aux objectifs de ma recherche, sans pour autant obtenir de résultats quantitatifs sur la présence de telle ou telle langue, une question complexe pour un contexte caractérisé par l'oralité et l'évolution constante. D'autres chercheurs ont fixé des pourcentages pour quantifier la présence de tel ou tel idiome, comme on l'a vu chez Biloa (2008 : 18) au début de ce chapitre, ou d'autres encore ont proposé des définitions sur la base des comparaisons effectuées.

Plus que tout autre, un rapprochement me semble intéressant pour mettre en perspective mes deux premiers chapitres lorsque Abolou compare le nouchi au camfranglais. Il définit le premier comme mixopète, car il fait recours à une majorité de ressources africaines, alors que le second serait mixofuge puisque ses ressources linguistiques viendraient majoritairement des langues européennes (Abolou 2010 : 1815). D'après mon analyse du rap en camfranglais, l'insertion et la modulation de l'anglais ne semblent pas différer de ce qu'on peut relever dans le contexte français ou ivoirien, où la présence d'anglicismes, comme d'ailleurs partout, est une question très complexe, dont la réalité varie en fonction des époques, des modes et des zones étudiées. Ce qui me paraît fondamental est que ce domaine du rap au Cameroun est moins soumis à la pression normative et cela est dû au fait qu'il s'agit d'une ancienne colonie de domination et non de peuplement comme c'est le cas du Québec, province fédérale très attachée à son identité et à son unicité linguistique et culturelle (Mufwene 2014). On pourrait encore expliquer ces formes d'anglophonie ou d'« anglomanie » comme favorisées par l'influence culturelle anglo-américaine croissante, l'accès aux ressources numériques, aux nouvelles technologies et aux réseaux sociaux à propos desquels j'ai déjà insisté dans la conclusion du chapitre précédent. Ainsi, si le français a été pendant des décennies perçu comme la langue de la modernité, pour beaucoup l'anglais représente aujourd'hui la langue de l'avenir.[8]

Toutes les raisons évoquées, confirment que le camfranglais est un parler jeune métissé, plus anglicisé que le nouchi, capable de traduire le mécontentement social et politique diffus (Awondo et Manga 2016 : 126)[9] et d'exprimer l'actualité dans un contexte urbain où il véhicule bien des changements linguistiques grâce au rap tout comme au makossa et au bikutsi, des genres de musique et de danse typiques du Cameroun (Feussi 2007 : 241).

Valentin Feussi affirme que son instabilité « permet de le considérer comme un discours plurilingue, mélangé grâce auquel le locuteur peut s'identifier et reconnaître son groupe d'appartenance » (Feussi 2007 : 47). Tenter de cerner le champ flou de l'imaginaire linguistique, aux contours presque insaisissables puisque déterminés par le subjectif, est bel et bien une gageure où l'euphorie langagière se mêle à la polyphonie d'une outrance hétérogène et multilingue dont le foisonnement des images et des représentations sont des données qu'il faut prendre en compte dans l'élaboration d'un cadre linguistique original, mais surtout prometteur de résultats qui ne manqueront pas de révéler d'autres atouts (Sol Amougou 2018 : 87-104).[10]

---

8   Tel est le cas qui se présente aussi au Maroc, où, selon une enquête du British Council (2021), 40% des jeunes Marocains considèrent l'anglais comme la langue la plus importante à apprendre, et de plus en plus de jeunes souhaitent étudier aux États-Unis, au Canada et au Royaume-Uni, alors que la France était auparavant la principale destination. De son côté, le gouvernement investit davantage dans l'enseignement de cette langue qui donne une égalité des chances de mobilité sociale, dans la mesure où il s'agit d'une « nouvelle » langue pour tous ; il suffit de dire que sept écoles britanniques ont vu le jour depuis 2019, en plus des sept écoles américaines préexistantes. Cf. A. Collas, « Au Maroc, les jeunes préfèrent l'anglais au français », *Le Monde*, disponible à la page https://www.lemonde.fr/afrique/article/2023/06/02/au-maroc-les-jeunes-preferent-l-anglais-au-francais_6175957_3212.html (consulté le 05 Février 2025).

9   À ce propos, il serait intéressant pour une recherche future d'étudier les variations offertes par la presse camerounaise. La situation politique du pays est particulièrement tendue puisqu'on y vit la période pré-électorale dans l'indécision d'une nouvelle candidature de la part d'un président particulièrement lié au pouvoir. Il suffit de penser que Paul Biya, né en 1933, occupe son poste depuis 1982. Cf. Polycarpe Essomba, « Présidentielle au Cameroun : deux tendances pour deux candidats », disponible à la page https://www.rfi.fr/fr/afrique/20250207-pr%C3%A9sidentielle-au-cameroun-confusion-pcrn-kona-soutien-biya-cabral-libii-deux-candidats (consulté le 9 Février 2025).

10   Voir à ce propos le film d'Edwin Erkwen, *Le camfranglais*, tourné à Yaoundé en 2009.

Chapitre III
Du français « silencé » : les lieux de mémoire au Rwanda entre la difficile recherche d'une harmonie et l'énigme des destinataires

Depuis un certain temps, j'étudie la réalité linguistique de ce contexte du sud du monde où j'ai effectué un séjour en 2023, me déplaçant du Lac Kivu au Nord jusqu'à l'Université nationale à Butare au Sud, dans le but de repérer du matériel authentique utile à mes recherches. Avant de partir, j'avais été frappée par la répétition d'une sorte de refrain récitant la « mort du français au Rwanda » (Nkunzimana 2014), alors que pendant ma permanence j'ai pu constater tout le contraire chez les locutrices et les locuteurs rencontrés dans des milieux les plus variés, c'est-à-dire une bonne compréhension et une ouverture constante à la langue-culture des anciens colonisateurs belges.

Dans ce chapitre, je vais m'interroger sur les dynamiques internes et externes concernant la présence du français dans cette zone, tout en sachant qu'il n'est pas aisé de comprendre la situation caractérisant à l'heure actuelle ce petit pays où s'avère un fait rare pour la totalité de l'Afrique subsaharienne tel que l'est son unilinguisme : la presque totalité de la population rwandaise se reconnaît et s'exprime en une seule langue, le kinyarwanda, d'origine bantoue. Toutefois, des problèmes surgissent à cause de l'enchevêtrement d'événements historiques et d'intérêts socio-politiques qui se superposent non seulement au niveau national, mais aussi sur le plan macro-régional, en raison de la convoitise internationale pour les richesses naturelles dont disposent les terres des Grands Lacs africains.

Il s'agit de comprendre le rôle du français à l'heure actuelle au Rwanda où il reste une langue officielle (elles sont quatre au total comme on le verra par la suite),[1] bien qu'il semble confiné aux générations de celles et ceux qui avaient complété leur scolarité avant la décision gouvernementale imposant l'anglais en 2008, ou à l'enseignement dispensé dans certaines institutions privées qui opèrent dans le pays, ou encore à qui peut se permettre de partir à l'étranger, dans les pays francophones limitrophes comme le Burundi, ou européens, en Belgique surtout. L'image qui en découle est pour le moins dichotomique si on pense que la totalité

---

1 D'après le site consacré à l'aménagement linguistique dans le monde de l'Université Laval, ce texte de loi n'est pas disponible (cf. https://www.axl.cefan.ulaval.ca/afrique/rwanda.htm, consulté le 12/09/2024).

du système pédagogique en place se base sur deux langues, le kinyarwanda et l'anglais, que l'ancienne Ministre des Affaires Étrangères, Louise Mushikivabo, occupe depuis 2018 le rôle de Secrétaire générale au sein de l'Organisation Internationale de la Francophonie (OIF) et que la classe dirigeante du pays, composée pour la plupart de Tutsi rentrés après le génocide et plusieurs années d'exil dans les pays anglophones limitrophes, s'exprime presque uniquement en kinyarwanda et en anglais.[2]

La bibliographie sur ce sujet indiquée à la fin de ce volume, est assez limitée par rapport à ce qu'on a pu analyser dans les chapitres précédents et il s'agit surtout d'articles descriptifs sur la situation des langues dans le pays dont on présente deux volets, l'un consacré à la période précédant le génocide, et l'autre à ce qui s'est passé après cet événement déchirant, sans pour autant arriver à approfondir l'actualité. Dans le sillage de la perspective ouverte par la récente publication ayant pour titre *Reading Memory Sites Through Signs : Hiding into Landscape* (Demaria and Violi 2023), j'ai décidé de chercher des données authentiques d'un domaine précis et de me concentrer sur la communication linguistique qui est offerte dans trois « lieux de mémoire »[3] que j'ai visités et dont j'ai pu apprécier l'importance sociale, politique et linguistique, à savoir le *Centre Mémorial de Kigali*, l'*Église de Nyamata* et le *Museum for Campaign against Genocide*. Pourquoi l'espace ? Parce qu'il est lui-même un langage ou, pour reprendre les termes de Jurij Lotman,[4] un système de modélisation capable de façonner le monde et, en même temps, d'être façonné par ce dernier. L'espace révèle les valeurs et la structure de la société où il s'insère, et peut-être surtout ce qu'elle a été, les transformations qu'elle a subies et la manière selon laquelle elle s'ouvre à tout destinataire. Pendant ces trente dernières années, le gouvernement rwandais a accompli des changements très importants dans le pays, y compris la matérialité de l'héritage du génocide, ce qui me semble central pour toute recherche consacrée à ce petit pays de l'Afrique centrale.

Ainsi ce chapitre se pose-t-il la question de savoir à travers quelles langues sont véhiculés les discours sur le développement et la préservation des lieux de

---

2 La presque totalité des actes publiés dans le site du Gouvernement sont écrits exclusivement en anglais. Voir https://www.gov.rw/cabinet-resolutions?tx_filelist_ filelist%5B%40widget_0%5D%5BcurrentPage%5D=2&cHash=2e45b59f2a78e5f-d446af56ed85eea8a (consulté le 12/09/2024).

3 J'emprunte cette formule à l'historien Pierre Nora rappelant la vaste entreprise qu'il a dirigée de 1984 à 1992.

4 Pour Lotman, ce qui peut faire sens varie pour deux raisons : il ne cesse d'être divers et il est en redéfinition constante avec tout ce qui le borde (cf. Lotman 2005).

mémoire, influencés comme ils le sont par les impératifs d'un État désireux de prouver sa réussite (Bolin 2020 : 196-219). Tous ces facteurs affectent chacun de ces espaces, déterminant de multiples modes d'intervention matérielle, car la forme physique de ces sites est le résultat de l'interaction entre les discours et les idéaux locaux et internationaux en matière de patrimoine et de développement. À ce propos, il n'est pas sans intérêt de procéder de manière déductive à partir des relations sociales et politiques qui affectent les choix linguistiques du pays en tant que résultats souhaités ou conséquences indirectes, pour considérer tout spécialement le français dans l'actualité et s'interroger enfin sur les trois moda-lités de témoignage sélectionnées, en vérifier les objectifs, comprendre quelles disparités on peut observer dans les modes de commémoration et qui sont les destinataires envisagés par ces « devoirs de mémoire » qui signifient « le devoir de rendre justice » (Todorov 1995 : 108).

Le contexte socio-politique : focus sur le français

Connu sous le nom de pays aux Mille Collines en raison de ses hauts plateaux verdoyants, le Rwanda se trouve au cœur du continent africain où il occupe une position d'état-tampon entre les dinosaures de l'Ouest francophone comme la République Démocratique du Congo, et les pays de l'Est anglophone, notamment la Tanzanie et l'Ouganda.

L'existence du royaume du Rwanda est attestée depuis le XVIᵉ siècle en tant que structure centralisée dirigée par un roi et organisée en fiefs où des groupes sociaux nettement hiérarchisés partagent les mêmes valeurs et idéaux : « Pour simplifier (…) disons que les Tutsi (Batutsi), éleveurs de vaches, la vraie richesse dans ce pays, constituaient l'aristocratie pastorale et guerrière (environ 17% de la population) ; les Hutu (Bahutu), agriculteurs, formaient la masse paysanne et laborieuse (environ 82%) ; les Twa (Batwa) étaient une caste paria (moins de 1%) de chasseurs et de potiers qui assumaient des fonctions diverses auprès du roi et des chefs » (Smith 1985 : 18). Le roi était tutsi et assisté de collaborateurs appartenant au même groupe ; seul le Nord, c'est-à-dire la partie la plus proche du Congo bordant le lac Kivu, se distinguait car il avait longtemps été gouverné par les Hutu et fut pour cela le dernier à se soumettre à cette structure de type féodal. Dans la totalité du royaume, Hutu et Tutsi partageaient les mêmes tradi-tions, religion et langue.

La conférence de Berlin décréta le début de l'occupation allemande, une période pour laquelle Gudrun Honke propose une distinction en deux étapes : la première « De la domination nominale à l'administration militaire (1897-1906) » et la seconde, « Le protectorat (1907-1916) ». Cette première forme de

colonisation fut caractérisée par une « politique de l'attente » (Erny 2002 : 17)
qui ne laissa aucune trace linguistique sur la population assujettie. La situation
changera complètement avec l'implantation des missions catholiques des Pères
blancs, pour la plupart des Belges francophones, exerçant, de 1898 à 1907, un
« monopole prosélytique absolu » (Honke 1990 : 129) et l'arrivée des missionnaires
de Bethel, des Allemands de l'église presbytérienne. L'objectif de ces religieux est
de faire des adeptes et dans ce but, ils se préoccupent d'organiser les premières
écoles rudimentaires et les séminaires. Comme toujours dans le contexte colonial, l'éducation scolaire n'est pas pour tous, mais uniquement pour ceux qui
peuvent se révéler utiles à la préservation de la domination en acte et au service
de la colonie. On décourage l'utilisation de la langue locale pour favoriser le latin,
indispensable à la compréhension des Saintes Écritures, et le swahili, diffusé dans
la totalité de l'Afrique centrale.

Pendant la Première Guerre mondiale, des troupes belges stationnent dans ce
qui était alors le Congo belge, occupant également le Rwanda. C'est pour cela qu'à
la fin du conflit, après une première période d'adaptation, la Société des Nations en
entérinera l'influence sous la forme de « mandat ». En 1922, le pays est proclamé
colonie belge et un nouveau pan d'histoire commence pour le Rwanda, d'autant
plus que les colonisateurs appartiennent désormais à la même aire culturelle francophone que les missionnaires. Avec l'arrivée des Belges, on assiste à l'ouverture
de véritables écoles et à l'introduction effective du français à partir de la deuxième
année du primaire, bien qu'il s'agisse d'un enseignement élitaire adressé uniquement aux enfants des chefs tutsi : « Des notions de français étaient introduites en
cours de deuxième année (…). En 1929, l'enseignement du swahili fut supprimé
sous prétexte qu'il favorisait trop la pénétration musulmane » (Erny 2002 : 71).
Les Belges s'appuient d'abord sur les chefs tutsi, qui peuvent ainsi garder leur rôle
de privilégiés et se garantir un accès exclusif à l'enseignement en français. Pierre
Erny utilise à ce propos l'image des « chapelles-écoles » (Erny 2002 : 91) vu que
l'organisation de ce secteur est entièrement confiée aux missionnaires, dont on
se souvient de l'action particulièrement incisive, surtout après la Seconde Guerre
mondiale, lorsqu'ils sont encore plus engagés dans leur mission éducative, cette
fois également au profit des Hutu. Dans ce système, soulignons deux éléments
de valeur pour notre focus. D'un côté, il est bien connu que les chargés de cours
d'origine belge qui pouvaient être aussi bien francophones que néerlandophones,
avaient souvent une connaissance du français pour le moins assez variée. De
l'autre, on peut entrevoir une sorte de séparation ethnique dans la composition des
classes (« On veillait à ne pas faire s'asseoir ensemble enfants nobles et roturiers,
l'idéal étant d'avoir pour les jeunes Tutsi des classes, voire des écoles séparées,

au besoin sans religion, à l'exemple de celle de Nyanza », Erny 2002 : 101) et des programmes d'enseignement (« Le français et l'arithmétique enseignés aux Tutsi sont remplacés par une classe de chant chez les Hutu, tandis qu'une leçon de sciences naturelles obligatoire chez les premiers est facultative chez les seconds », Mbonimana 1981 : 353).

L'article 73 de la *Charte* des Nations Unies de 1950 souligne ce qui suit : « L'enseignement au Ruanda-Urundi est un monopole de fait des missions religieuses ».[5] Pendant cette même décennie, les Hutu, arrivés au pouvoir à la fin de la domination coloniale et après une longue période de confinement à l'arrière-plan, s'en prennent aux Tutsi, déclenchant un déroulement continu d'actions et de réactions. Le système en place n'arrive pas à éviter ni à contenir un moment de grave tension dans l'histoire du pays car, en 1959, se produit la soi-disant « révolution sociale » qui contraint de nombreux Tutsi à l'exil, une diaspora qui s'amplifie dans toute la région des Grands Lacs et qui peut les conduire dans des pays francophones tout comme dans des pays anglophones, où leurs enfants grandiront en étudiant la/ les langue/s en vigueur.

La République du Rwanda est proclamée le 1er Juillet 1962 et l'article 5 de la Constitution reconnaît un rôle très important au français : « Le kinyarwanda est la langue nationale de la République du Rwanda. Les langues officielles sont le kinyarwanda et le français ».[6] Comme pour les autres anciennes colonies francophones, la « souveraineté politique n'alla pas de pair avec la souveraineté linguistique. Le Rwanda souverain entretint des relations obligées avec la métropole pour des raisons diverses » (Ntakirutimana 2012 : 10). Ce n'est que vers la fin des années 1970 que le président hutu Juvénal Habyarimana, au pouvoir de 1973 à 1994, définit l'action envisagée sur le plan de l'éducation dont il veut faire la pièce maîtresse de son mandat (Erny 2003 : p. 38) par une réforme scolaire d'envergure ayant pour objectif «la ruralisation [au primaire] et la rwandisation des contenus d'enseignement à tous les niveaux […] avec le développement du kinyarwanda comme objet et langue d'enseignement » (Nkunzimana 2014). Cependant, le processus de valorisation de la langue nationale se heurte à la critique, expression de la volonté évoquée plus haut, de préserver le prestige des rares chanceux. Sans moyens matériels ni humains, la réforme n'est mise en place que de façon marginale, n'ayant pour effet que de brouiller le débat, tout en ne parvenant pas à promouvoir les valeurs culturelles rwandaises. Un décalage se crée entre les besoins

---

5   Il s'agit du chapitre XI : *Déclaration relative aux territoires non autonomes* du document suivant : *Mission de visite des Nations Unies en Afrique orientale : Rapport sur le Ruanda-Urundi et documents y afférents*, New York, United Nations, 1950, p. 49.

6   *Constitution de la République Rwandaise*, 1962, art. 5.

concrets et la politique linguistique au niveau de l'école : le français est selon la
Constitution une des deux langues officielles et il continue de jouer ce rôle dans la
société à tous les niveaux, administratif, public et scolaire : « Cette période est, en
quelque sorte, l'âge d'or de la langue française, d'autant plus que le gouvernement
rwandais, en bon élève de l'Occident comme certains autres pays francophones
africains, connaît un relatif renforcement du fait francophone notamment grâce
à la coopération accrue avec la France, la Belgique, la Suisse romande et le Québec qui accueillent des boursiers rwandais et envoient des coopérants au pays »
(Nkunzimana 2014).

Cette situation linguistique s'est maintenue jusqu'au génocide du 7 Avril
1994, une déchirure très grave dans l'Histoire de l'humanité tout entière, un
massacre fratricide sur lequel la lumière n'a pas encore été faite totalement et
dont les terribles conséquences sont palpables. Une telle fracture affecte tout
ce qui concerne ce pays, y compris le cadre linguistique. Le 18 Juin 1996, le
gouvernement qui suivra approuvera la « Loi fondamentale » : « Les langues
officielles du Rwanda sont le kinyarwanda, le français et l'anglais ». Cette décision comporte des changements au niveau du secondaire surtout, ce qui néces-
site une harmonisation : « Au second cycle, les programmes seront réalisés en
français et en anglais, sauf celui du kinyarwanda. Toutes les matières, hormis le
kinyarwanda, seront dispensées soit en français soit en anglais selon les possibilités » (Tuvuzimpundu 2014).

Le 4 Juin 2003, la Constitution du Rwanda change l'article 5 pour ajouter officiellement l'anglais.[7] Cela est également très important pour la vie étatique parce
qu'il établit bien des changements à l'image du pays lorsqu'on modifie les symboles
nationaux comme le drapeau qui sera vert, jaune et bleu, la devise et l'hymne
national *Rwanda nziza*, tout comme la toponymie.[8] On ne comprend pas la raison d'un tel effacement, d'une volonté si radicale, si ce n'est, pour avancer une
supposition, le désir d'éloigner une douleur trop vive.

Il s'agit de secousses qui préparent le terrain à ce qui suivra, soit « un déséqui-
libre fonctionnel entre les langues officielles » (Rurangirwa 2014, p. 171) : après
des décennies de suprématie française comme langue de prestige, « en octobre
2008, le Gouvernement déclara que l'anglais serait l'unique véhicule d'enseignement sur tout le territoire et à tous les niveaux » (Ntakirutimana 2012), ce qui

---

7   Le texte constitutionnel est disponible à l'adresse suivante https://mjp.univ-perp.fr/
     constit/rw2003.htm (consulté le 12/09/2024).
8   Il est maintenant difficile de repérer certaines villes ainsi que les lieux de culte et les
     collines de résistance, si on pense au fait que Ruhengeri est maintenant Musanze, ou
     encore que Gisenyi a donné Rubavu.

ne laisse aucune échappatoire aux familles des étudiantes et étudiants, ni aux enseignants, uniquement libres d'accepter ou de donner leurs démissions avant de commencer officiellement à proposer leurs disciplines respectives en anglais au tout début de l'année 2009, après un temps de préparation et d'apprentissage linguistique totalement insuffisant.

La langue française rappelle certainement la colonisation subie, mais cela n'explique pas une volonté si radicale aux dépens des familles et des jeunes générations à qui on proposait un enseignement pour le moins fallacieux. D'autres motivations plus profondes se cachent derrière un rapport si tendu, surtout avec la France, suite aux critiques contre l'opération Turquoise à l'époque du génocide, tout comme après les déclarations du juge français Jean-Louis Bruguière qui en 2007 avait accusé le président Paul Kagame et neuf officiers supérieurs d'être les responsables de l'accident d'avion qui avait provoqué la mort de l'ancien président, élément déclencheur du génocide (Nkuliyingoma 2013 : 243). C'est ainsi que 2008 devient une date charnière entre la renonciation au français qui est aujourd'hui enseigné comme langue étrangère et l'entrée dans le Commonwealth en 2009 (Nkunzimana 2014 : 32).[9]

Le cadre qui en ressort est caractérisé par des secousses et des jeux de forces. En 2017 le swahili dont on a parlé au début à propos de l'occupation allemande, est ajouté à la liste des langues nationales qui arrive à compter quatre langues différentes pour un petit pays qui ne peut certainement pas se permettre une campagne de plurilinguisme réel. Quant au français, c'est en 2022 qu'a lieu le lancement d'un plan national d'enseignement de cette langue. On n'en connaît pas encore les résultats pour évaluer s'il s'agit de proclamations vides ou d'actions réellement mises en place pour lesquelles le rôle du Rwanda au sein de l'OIF pourrait avoir joué un poids déterminant.[10]

---

9   À ce propos, je parlerai plutôt de langue seconde parce que le français n'est pas une langue étrangère ordinaire.

10 Plan national pour l'enseignement/apprentissage du français au Rwanda fait par le Ministère de l'éducation de la République du Rwanda du 1er avril 2022. Lire à ce propos https://www.rba.co.rw/post/Le-Rwanda-lance-un-plan-national-denseigne-ment-du-franais (consulté le 21/09/2024).

Analyse du corpus sélectionné

L'occasion de ma visite sur place et l'approche du trentenaire du génocide ont déterminé mon choix d'étudier les « lieux de mémoire » (Nora 1994) dont la nature n'est pas immuable, mais soumise à l'évolution de la politique, autant de « lieux mixtes, hybrides et mutants, intimement noués de vie et de mort, de temps et d'éternité : dans une spirale du collectif et de l'individuel, du prosaïque et du sacré, de l'immuable et du mobile » (Nora 1994 : 37). Érigés sous l'impulsion de « volontés de mémoire » qui soudent en des temps et des espaces différents les dimensions matérielle, fonctionnelle et symbolique, leur ancrage dans l'histoire locale, les significations et les symboles dont ils sont investis, ces lieux engendrent un ensemble de phénomènes irréductibles à toute logique classificatoire.

Ces espaces divers, qui ponctuent les villes et les collines en passant par les campagnes, résultent de volontés différentes qui déterminent leur incidence sur leur modalité de construction, leurs formes et leur histoire. Outre les mémoriaux nationaux, il faut tenir compte des initiatives liées à la mémoire familiale ainsi que d'autres lieux nés de la volonté des survivantes et des survivants en accord avec l'État et l'Église. On leur reconnaît une double fonction, de témoignage et d'engagement. Confrontée à tous ces éléments et à leur variété, je me suis posé la question d'en vérifier la pluralité des formes, des langues nécessaires à traduire cette douleur et des destinataires auxquels adresser ce message complexe.

Il est ici crucial de rappeler quelques données fondamentales. Le génocide commence le 7 avril 1994 et se termine le 4 juillet de la même année par la prise de contrôle de Kigali de la part du Front Patriotique Rwandais (FPR). Les corps des victimes ont été chosifiés, animalisés, brutalisés par les génocidaires qui ont franchi un seuil de cruauté impensable dans la manière de pratiquer leurs techniques de violence. En un temps record et dans l'espace limité du pays, l'extermination des Tutsi n'a pu être définie que par des syntagmes oxymoriques tels que « génocide populaire », « génocide de proximité », « génocide culturel », auxquels j'ajouterai aussi « génocide fraternel » ou « de voisinage », puisqu'il s'agissait souvent de gens qui se côtoyaient au quotidien.

Après le génocide, les observateurs sont frappés par l'odeur de la mort (Khan 2000). Des dizaines de milliers de corps gisent abandonnés sur les collines, dans les églises, dans les stades, sur les routes de l'exil, alors que d'autres corps resteront à jamais dans les fleuves ou dans les latrines, révélant ainsi la dimension profanatrice des tueries. Les lieux des massacres sont disséminés sur la totalité du pays où des années de divisions et de conflits politiques et sociaux entre les ethnies Hutu et Tutsi ont culminé en une centaine de jours de folie collective. Le chiffre que les autorités rwandaises présentent aujourd'hui comme officiel est d'un million de morts, un résultat effrayant : deux tiers des Tutsi ont été tués et avec eux, des milliers de Hutus « modérés » et environ un tiers du groupe moins nombreux, les Batwa.

Le *Centre Mémorial de Kigali*

L'après génocide présente une situation catastrophique. Le pays est ravagé, les cadavres sont partout ; la toute première préoccupation est de leur donner une sépulture digne, initiative qui revient aux rescapés et aux gens qui rentrent de l'exil, tout comme la prise en charge des enfants restés seuls. Les prisons regorgent de prisonniers pour qui les procès ne débuteront que fin 1995. On assiste au retour de milliers de personnes qui étaient parties en exil à cause des vagues de violence de 1959 et 1973, donc bien avant 1994. C'est l'année suivante que se constitue la Commission pour le mémorial du génocide et des massacres du Rwanda dont l'objectif est d'identifier les lieux des massacres sur l'ensemble du territoire national. Suivra un rapport de quelques deux-cent cinquante pages en 1996, mais qui se perdra dans les limbes des remaniements ministériels jusqu'en 2000, lorsque d'autres acteurs viendront s'ajouter (Dumas et Korman 2011).

En 2000 est érigé le mémorial de Gisozi, du nom du quartier de la capitale où il s'élève. La vocation internationale du site est claire dès le début, puisqu'en 2002 la construction et l'aménagement des tombes sont confiés à l'Aegis-Trust, une fondation britannique créée par Stephen et James Smith qui avaient déjà bâti en Grande-Bretagne un mémorial et un centre de documentation sur la Shoah en 1995. Grâce à leur contribution, Gisozi est supplanté en 2004 par le *Centre mémorial de Kigali*, aujourd'hui considéré comme le principal lieu de mémoire du génocide du Rwanda. Il remplit des fonctions multiples : mémorielle, muséographique et pédagogique, bien qu'à l'origine il ait été proposé pour devenir le cimetière de la capitale vu que près de 250.000 corps avaient été exhumés dans les différents quartiers de Kigali pour y être inhumés.

La visite est organisée de manière inductive en trois phases : rappel historique, salles d'exposition d'objets et ouverture aux autres génocides de l'histoire internationale du XXème siècle. Même si le parcours muséographique qui retrace l'histoire du génocide reste sommaire, l'accent est mis sur la dimension mémorielle et l'invocation « kwibuka » en kinyarwanda pour « se souvenir, s'unir et se renouveler », thème des commémorations nationales. On trouve partout des panneaux explicatifs à caractère historique en trois langues, kinyarwanda, français et anglais, gardant l'ordre établi par la Constitution de 2003 que l'on vient de rappeler. Tous les éléments d'exposition sont consacrés à la périodisation des événements, à l'avancée des moments saillants ou aux déplacements des troupes armées et à l'action, ou plutôt à l'inaction des forces venues de l'étranger, cela pour signifier qu'aux discours des rescapés, on préfère la narration de l'histoire du pays avec son panthéon de héros nationaux. Tout bien considéré, ce mémorial me semble avoir une vocation bien plus internationale que nationale. Les chefs d'État et les délégations s'y rendent toujours en visite et cela à partir de l'ancien premier ministre belge, Guy Verhofstadt, qui a participé à la cérémonie de 2004 à l'occasion de la dixième commémoration du génocide.[11] Le 26 février 2010, Nicolas Sarkozy s'y est rendu,[12] ainsi qu'Emmanuel Macron qui y a reconnu les responsabilités françaises le 27 mai 2021 lorsqu'il a déclaré « La France a un rôle, une histoire et une responsabilité politique au Rwanda. Elle est restée "de fait aux côtés d'un régime génocidaire" mais "n'a pas été complice" ».[13] La mission d'ouverture du site au reste du monde est perçue de manière évidente lors de la visite, où la présence d'un personnage d'importance peut faire que l'on soit invité à sortir à n'importe quel moment et même plusieurs fois à l'occasion d'un seul parcours, ce qui provoque une sorte de malaise dans un endroit tellement chargé d'émotion. C'est pourquoi le sentiment qui en ressort est essentiellement celui d'une exposition visant les étrangers, plutôt que de recueillement.

Deux autres éléments pragmatiques m'ont fait penser à une forte ingérence étrangère, d'abord le fait qu'à la sortie soit affichée une liste de financeurs parmi lesquels figure la Fondation Clinton. Il serait intéressant de connaître les motivations d'un choix qui interroge de près le rôle décisionnel de ces bailleurs de fonds au sein de la politique mémorielle. Et encore la découverte, à côté des tombes parfois communes, parfois nominalisées, d'un grand espace théâtral sous une énorme tente, avec des chaises pour les spectateurs et des planches en hauteur pour les spectacles. Tout cela m'a semblé un bouleversement de l'espace consacré aux grands moments de partage comme s'il s'adressait à des destinataires

---

11 Il s'agit du premier représentant d'un gouvernement occidental, et en plus de l'ancienne puissance coloniale, qui prononce à cette occasion un discours dans lequel il présente les excuses officielles de son pays pour son rôle dans le retrait des forces de mission internationale des Nations unies d'assistance au Rwanda MINUAR, sous les ordres du canadien Roméo Dallaire.

12 Il a parlé de « graves erreurs d'appréciation » et d'une « forme d'aveuglement » de la France lors du génocide de 1994, mais il n'a pas présenté d'excuses. Lire à ce propos l'article suivant : https://www.rfi.fr/fr/contenu/20100225-nicolas-sarkozy-reconnait-erreurs-politiques-france-lors-genocide (consulté le 12/09/2024).

13 Cf. https://www.lemonde.fr/afrique/article/2021/05/27/emmanuel-macron-en-visite-au-rwanda-pour-tenter-de-solder-le-lourd-passif-lie-au-genocide-de-1994_6081681_3212.html (consulté le 21/09/2024).

occidentaux puisque, selon les modalités de l'expression théâtrale en Afrique, le public autochtone ne serait pas là pour écouter, mais pour participer activement de son corps et de sa voix aux sollicitations venues de la scène, un espace continuel qui ne prévoit aucune forme de séparation.

L'Église de Nyamata

Le génocide de 1994 se distingue des autres vagues de violence perpétrée dans le pays parce que les églises, habituellement considérées comme des lieux de culte et des espaces sacrés, sont transformées en théâtres de crimes de masse inaugurant ainsi un autre oxymore impensable, celui des « églises charniers ». De nombreuses personnes s'y étant réfugiées, y ont été massacrées, et tel est le cas de maintes églises, comme Nyange détruite au bulldozer, Kibeho incendiée, deux carnages qui se sont produits le même jour (Korman 2018 : 158). Depuis 2023, Nyamata figure avec Murambi, le *Centre Mémorial de Kigali* et Bisesero dans la liste des sites rwandais patrimoine de l'UNESCO.[14] C'est justement à cause de Nyamata que l'on avait institué en 1996 la Commission mixte entre l'État et l'Église, puisque les rescapés y avaient creusé une crypte où ils avaient déposé des victimes, désacralisant de fait ces lieux : un problème social et politique était né, l'État étant le responsable de tous les mémoriaux – placés depuis 2016 sous la tutelle de la National Commission for the Fight against Genocide (CNLG) –, mais l'Église ne voulant pas renoncer à ses lieux de culte.[15]

En particulier, il faut souligner que la période qui a suivi le génocide a vu s'opposer deux attitudes souvent divergentes, « celle de l'Église catholique, désireuse de réhabiliter des lieux profanés en leur redonnant leur fonction religieuse initiale ; celle de l'État rwandais actuel, qui a voulu au contraire attribuer à ces sites de tueries une place centrale dans la commémoration du génocide » (Korman 2018 : 155). Des accusations de différente nature ont vu le jour pendant et après le génocide : elles portaient sur le rôle des religieux, essentiellement des Francophones, lors des massacres, donc sur les responsabilités de certains d'entre eux, et encore sur les massacres du Front Patriotique Rwandais qui assassina plusieurs

---

14 Lire à ce propos https://whc.unesco.org/en/list/1586/ (consulté le 12/09/2024).
15 Voir République du Rwanda, loi n. 15/2016 du 2 mai 2016. Les évolutions juridiques qui se sont succédées en la matière sont précisées dans l'article de Korman (2018 : 166).

religieux ayant un rôle dans l'organisation des institutions catholiques, notamment trois évêques exécutés à Gakurazo le 5 Juin 1994.[16]

Ce qui frappe le visiteur tout juste avant d'entrer et de s'engager vers son parcours de recomposition de la mémoire, est une image d'homologation, puisque les inscriptions apposées sur chaque mémorial présentent la même formule. Si après le génocide les communautés locales pouvaient décider de manière autonome et qu'elles misaient en général sur des formules neutres du point de vue identitaire pour éviter de rappeler toute forme de séparation, l'on a ensuite assisté à une uniformisation progressive. La révision constitutionnelle de 2008 décide d'utiliser la formule suivante : « Génocide perpétré contre les Tutsis ». Cette dernière n'a pas manqué d'attirer des critiques parce qu'elle rompt avec l'interdiction de faire mention publique d'une ethnie, avec le risque de faire des Tutsi des victimes permanentes et des Hutu des extrémistes, au détriment de la recomposition d'une nation nécessitant une pacification profonde. Pourtant, cet acte législatif qui renvoie à l'identité des victimes, fonde une nouvelle institution, la Commission nationale de lutte contre le génocide (CNLG), chargée de l'histoire et de la mémoire du génocide tout comme des contenus et des formes des mémoriaux.

Le caractère dominant cet espace est celui de l'accumulation, de l'entassement, de l'exposition en grande quantité des corps et des choses répondant sans doute ainsi au changement de paradigme observé depuis les années 1990, passant du tournant narratif au tournant visuel (Padiglione 2016). En effet ici, les cadavres et les restes des victimes sont montrés et exposés en grande quantité dans la crypte au sous-sol. Cela a engendré beaucoup de frictions à l'intérieur du pays, où les détracteurs accusaient les décideurs d'adopter une pratique transgressant la tradition de l'inhumation, alors que ces derniers répondaient par le fait que le génocide a été lui-même une forme de transgression totale, d'où la nécessité de témoigner de cette extermination, de donner des preuves matérielles contre toute forme de négationnisme. La multitude des cadavres est une métonymie des proportions gigantesques du massacre et leur conservation leur confère une place essentielle dans le processus de mémorialisation du génocide (Korman 2014 : 94). Ces corps révèlent les violences perpétrées, les armes utilisées, les coups infligés, ces restes, corps et ossements, parlent et révèlent leurs souffrances et les profanations subies.[17]

---

16 Toutes les recherches menées à ce propos affirment que « la controverse la plus forte entre l'Église et l'État porte sur la préservation de la mémoire du génocide et la définition des espaces sacrés touchés par le génocide » (Korman 2018 : 156).

17 Quelques enquêtes de ce genre ont été essayées au niveau local (Murambi), mais une prise en charge d'envergure fait défaut dans ce contexte. Cf. Korman 2014 : 95.

Il en va de même pour les photos présentes en grande quantité aussi bien à Kigali qu'à Nyamata tout comme pour les objets personnels et les vêtements. Si à Kigali on avait une pièce consacrée spécialement à chaque typologie d'objets, même aux machettes ou coupe-coupe, et qu'ils étaient conservées derrière des vitrines, à Nyamata on en trouve des accumulations ordonnées dans le grand espace disponible à l'intérieur : d'un côté les photos montrant la vie normale avant l'enfer, de l'autre les photos de famille, de l'autre encore les photos des enfants. Ici la photo ne soigne pas le trauma, mais prouve la profondeur de la perte et agit sur l'oubli. À Nyamata, les objets sont entassés par catégorie d'appartenance, produisant un effet d'insistance, la reconnaissance du plus grand nombre et donc d'une collectivité, une force centripète qui porte sur l'unique élément solitaire de l'église, l'autel avec sa nappe sacrée, ensanglantée et perforée, symbole de tout le mal du monde dans le pire des mondes.

Mis à part l'inscription à l'accueil, pas un seul panneau, aucune trace écrite à l'intérieur, comme si la parole ne pouvait rien face à l'horreur. Chaque groupe a été accompagné d'un guide en chair et en os, qui demandait aux visiteurs quelle était la langue de leur choix entre le français et l'anglais. La visite a été fortement conditionnée par sa présence et par sa voix métallique proposant un discours étudié dans les moindres détails, où tout élément était pesé avec beaucoup d'attention, comme un témoignage appris par cœur, sans aucune participation émotionnelle. À l'heure actuelle, les guides ne sont plus des rescapés renvoyant à la co-présence d'un sujet et d'un événement qu'ils étaient là pour raconter, pour restituer ce qu'elles/ils avaient vu, entendu, éprouvé, en s'engageant à reconstruire ce vécu pour autrui. La prise en charge de la part de l'État a éliminé ce rôle pour les témoins, préférant des guides professionnels et moins profondément impliqués. Si le français apparaît à l'oral, les seuls panneaux explicatifs sont à l'extérieur de l'église et uniquement en kinyarwanda et en anglais. Sans doute remontent-ils à la période qui suit l'effacement du français et encore ne font-ils qu'expliquer les vicissitudes historiques, alors qu'à l'intérieur de l'église on voulait toucher le destinataire par ces entassements de corps et de choses montrant l'ampleur de la tragédie.

Le *Museum for Campaign against Genocide*

Inauguré le 13 décembre 2017 par le Président Paul Kagame, le *Museum for Campaign against Genocide* est totalement absent de la bibliographie étudiée. Il se trouve à l'intérieur du siège de l'Assemblée Nationale du Rwanda, un palais ultra moderne, une sorte de gratte-ciel dans la ville de Kigali où les murs extérieurs sont constitués de lourdes vitres d'un noir foncé et le toit d'une énorme terrasse sur laquelle trône un canon, renvoyant aux attaques subies par Kagame et ses troupes lors de leur arrivée pour la libération de la ville et donc du pays tout entier. Les photos sont interdites et le parcours se déroule à travers des panneaux exclusivement en langue anglaise, en suivant le fil chronologique des batailles victorieuses de l'ancien commandant et des milices venues de l'extérieur. Le résultat est bien évidemment celui d'une narration enrichie de cartes de l'époque signalant les déplacements des hommes forts, leurs armes et tenues militaires, avec un focus sur les méfaits dont on accuse les Français, tenus pour responsables, de par leur opération Turquoise, d'avoir consenti aux génocidaires de se frayer un chemin de fuite vers le Congo.

Ce lieu de mémoire explicite, de par sa nature, un enjeu politique qui reflète le choix d'un seul protagoniste, le Président, voulant rappeler quelques événements particulièrement chers aux vainqueurs. Le monument, consacré à la célébration de la bataille victorieuse et définitive de la partie politique actuellement au pouvoir, emphatise sa capacité de vaincre l'ennemi étayant sa propre revendication de souveraineté, constituant un outil de propagande politique, une mise en scène plus ou moins habile : « En incarnant le choix d'un acteur de commémorer certains événements, d'établir un monument à un endroit spécifique, pour traduire un discours qui lui est propre et qui traduit une lecture souvent politique d'un événement, ils traduisent bien un enjeu de pouvoir sur un territoire comme marqueur des conséquences politiques et sociales de cet événement » (Lasserre et Stan 2018 : 13). Ce n'est pas un hasard si cette même année 2017 a vu la fixation du changement constitutionnel donnant au Président Kagame, qui est au pouvoir depuis 2000, la possibilité de rester jusqu'en 2034.[18]

Ce type de monument est une métonymie de la manière dont on écrit et contrôle la narration de l'Histoire dans ce contexte, de la volonté de souligner quelques événements de l'épopée nationale, comme l'insistance sur la date de la prise finale de cette colline que la terrasse ouverte sur le gratte-ciel invite presque à toucher du doigt, indiquant aussi le dernier bout de chemin parcouru avant de s'emparer définitivement de

---

18 Le pays a connu un développement économique et social étonnant ces dernières années, malgré d'énormes inégalités sociales. Paul Kagame a été réélu à la présidence du pays pour un quatrième mandat avec 99,18% des voix en juillet 2024 et, pour ce faire, a changé la Constitution de son pays. Il est cependant accusé d'exploiter la mémoire du génocide pour consolider son autocratie aux yeux du monde, de violer les droits de l'homme et de soutenir le groupe M23 (Mouvement du 23 mars) engagé dans une guérilla dans le Nord-Est du Congo depuis 2012. Lire à ce propos https://www.france24.com/fr/afrique/20240718-rwanda-le-pr%C3%A9sident-paul-kagame-r%C3%A9%C3%A9lu-avec-99-18-des-voix-selon-des-r%C3%A9sultats-provisoires (consulté le 21/09/2024).

la capitale, ce 4 juillet 1994. Et comme dans un jeu de poupées gigognes, cette date ne manque pas d'évoquer, quant à elle, l'anniversaire de la libération des États-Unis, pays-modèle pour le Président qui y a reçu sa formation militaire. Tout concourt à l'autocélébration, l'espace, le temps, la langue choisie, les renvois aux pays considérés comme alliés, un cadre qui ne laisse plus de place au français.

Conclusion

Parmi les « gammes de mémoire » de Dominique Viart (2023), j'ai approfondi pour mon étude cette « mémoire matérielle » faite de supports tangibles nécessaires à contrecarrer le vertige de la disparition pour « n'oublier personne, rendre justice ». Tout au long du parcours accompli, j'ai constaté le manque de témoignages écrits, d'études, de brochures, quelques panneaux suffisent. Il est vrai qu'on peut évoquer les coûts et les difficultés pragmatiques, mais cela n'explique pas tout, vu la note critique de Rémi Korman : « Le génocide est encore méconnu et la faiblesse des outils à disposition des chercheurs contraste avec les importants efforts déployés en faveur de la mémorialisation et des commémorations » (Korman 2013 : 24).

Plusieurs points restent à approfondir surtout à propos de l'après-génocide, composé comme il est de deux faces assez nettement opposées, dont l'une tournée vers l'intérieur du pays et l'autre vers l'extérieur. Du dedans, la construction et l'emplacement des lieux de mémoire naissent d'un désir de composition de l'unité nationale et plus en général de réconciliation, mais aussi d'une exigence de reconnaissance internationale : « Le poids croissant de pratiques mémorielles renforce l'importance politique d'une commémoration ancrée sur les lieux de mémoire, et donc traduisant des enjeux de contrôle sur ces lieux et de leur valorisation » (Lasserre et Stan 2018 : 1). Du dehors, on se pose la question de comptabiliser la part de la participation étrangère à la vie, réalisation et conception de tous ces espaces mémoriaux. Il est bien évident que la Fondation Bill Clinton soutient le Mémorial de Kigali depuis 2004, ce qui est facilement lisible pendant la visite. Un tel investissement porte à s'interroger sur l'intérêt de cette fondation américaine à financer ce pays africain et ses mémoriaux, mais aussi sur le pouvoir décisionnel des bénévoles du Land de Rhénanie-Palatinat qui subventionnent le mémorial de Nyarubuye, et ceux du Département du développement international britannique (DFID) qui offrent leur appui à d'autres sites parmi lesquels Nyamata. Il reste que certains témoignages concernant les atrocités perpétrées de part et d'autre, ne sont publiées qu'à l'étranger par des auteurs exilés depuis longtemps.[19]

---

19 Lire à ce propos le livre de Jean-Baptiste Nkuliyingoma (2013).

En ce qui concerne les destinataires, il me semble que ces lieux de mémoire s'adressent à des publics divers, les rescapés, les civils, les jeunes, les étudiants de l'intérieur et surtout les visiteurs étrangers dans le cas du *Centre Mémorial de Kigali*, alors que la visite de Nyamata est plus intime et recueillie. Quant au *Museum for Campaign against Genocide*, l'image musclée qui en ressort concerne essentiellement les politiciens et diplomates en visite officielle auxquels on propose la représentation d'une force militaire. Bien qu'il soit parfois ardu de saisir les multiples enjeux de ce cadre varié, dans d'autres réalités, comme c'est le cas du *Rwanda Art Museum* conçu dans la villa de l'ancien président victime de l'accident d'avion, les destinataires ne peuvent être que des touristes étrangers, puisqu'on y expose une collection d'œuvres d'art essentiellement figuratif tout en sachant que le Rwanda n'a jamais connu ce type de production (Smith 1985).

Les résultats de mon analyse ne font qu'accentuer la dichotomie interne-externe qui affecte la réalité choisie où le kinyarwanda est depuis toujours langue véhiculaire. Sur l'axe diachronique, le Rwanda a subi plusieurs secousses, plus catastrophiques les unes que les autres, deux colonisations, plusieurs massacres engendrant des vagues migratoires, des pressions de la part de personnes quittant le pays ou voulant rentrer pour y retrouver leur place. Tous ces brusques mouvements ne font que se reproduire dans les secousses linguistiques animées par les insertions progressives des langues officielles, les décisions étatiques au sujet de l'enseignement du français dans les écoles de tout ordre et sa disparition foudroyante que les réalités mémoriales réfléchissent parfaitement, puisque les questions de langue sont avant tout politiques, leur choix n'étant qu'un aspect palpable des initiatives gouvernementales imposées.

Au Rwanda, cela s'est vérifié et s'est prolongé pour de multiples raisons, toutes intimement liées les unes aux autres : historiques, puisque les Belges et les Français avaient soutenu les gouvernements précédents le génocide et partagé, aux yeux d'une partie de la classe dirigeante rwandaise actuelle, par aide, complicité ou ignorance, une certaine responsabilité durant cette période ; politiques, vu que les exilés tutsis du FPR qui gouvernent à l'heure actuelle, ont grandi principalement dans des pays anglophones ; économiques, l'anglais étant la langue de la finance et des nouvelles technologies ; culturelles, le français, langue du passé colonial, pourrait être considéré comme un obstacle à l'émancipation d'un pays projeté vers le futur.

Les relations avec la France n'ont pas abouti à une pacification nette et claire, bien que l'on ait vu Paul Kagame au premier rang des chefs de la Francophonie au sommet de Villers-Cotterêts du 4 Octobre 2024, ouvert par Louise Mushikivabo, la Secrétaire de l'OIF d'origine rwandaise.[20] L'image que l'on veut donner est certainement de fiabilité, mais on regarde surtout aux pays anglophones. Il est légitime de se demander si cela n'est pas orchestré pour exercer le contrôle sur la richissime région du Lac Kivu, pour envoyer des troupes rwandaises partout où surgissent des conflits comme on l'a vu dans le cas de Madagascar ou d'Haïti, ou encore pour signer des accords profitables, comme celui avec l'ancien premier ministre britannique Boris Johnson pour accueillir les migrants de la Grande-Bretagne. L'étude de l'actualité est un défi pour les chercheurs, vu la complexité du contexte et la valeur de l'enjeu. Le problème des langues ou de la langue est une pièce importante de cette mosaïque, parce qu'il pourrait déterminer un effet domino pour d'autres pays d'Afrique centrale s'ils arrivaient eux aussi à renoncer au français, à le bâillonner, à ne plus investir sur son enseignement et donc, de fait, à le destiner à sa perte.

On obtient plusieurs éléments sur lesquels réfléchir également à partir de nos choix linguistiques, lorsqu'on parle de « mort du français au Rwanda » (Nkunzimana 2014), l'image initiale de cette étude. Il s'agit d'un lexique de violence qu'il faudrait utiliser avec beaucoup d'attention. Là où certains observateurs voient toujours une conjoncture conflictuelle, j'ai essayé d'aborder ce sujet avec l'esprit de quelqu'un qui voulait avancer de manière déductive, du contexte aux réalisations concrètes en passant par certains détails authentiques, pour élucider les critiques et les atouts, et comprendre pourquoi un si petit pays, dépourvu de ressources minérales, peut être à même de catalyser autant d'intérêts. Imposer une langue signifie adopter sa culture, sa vision, sa politique, d'où le virage vers l'anglais pour le désir plurivalent de s'ouvrir à cet univers linguistico-culturel et, de fait, la réduction au silence du français.

Maintenant la situation de quadrilinguisme déclarée dans la Constitution est difficile à réaliser, bien que le gouvernement ait annoncé un plan stratégique pour renforcer la connaissance de la langue française. Le futur dépendra des pressions internes de l'élite anglophone au pouvoir, de la capacité économique des familles d'investir dans l'enseignement privé à l'intérieur du pays ou à l'étranger, et encore du poids des décisions des pays de la région comme le Burundi, et des puissances internationales qui sont massivement présentes pour assouvir leurs propres intérêts. Ce serait dommage si l'accès au français, langue d'enseignement, langue apprise, devenait à la fois langue d'exclusion et d'exclusivité à même de creuser de nouvelles distinctions sociales.

---

20 Lire à ce propos l'article suivant https://fr.igihe.com/Le-President-Kagame-participe-au-19e-Sommet-de-la-Francophonie.html (consulté le 12/09/2024).

Chapitre IV
Du français enrichi,
ou ce que les langues africaines ont apporté
au français de France

Après avoir étudié les dynamiques de la langue française dans des espaces précis, elle sera ici examinée telle qu'elle se présente en France dans les dictionnaires de référence « décrivant la variété de prestige prise en compte par les lexicographes parisiens » (Poirier 1995 : 26), afin de détecter les caractéristiques formelles et sémantiques du lexique français ayant une étymologie africaine. Mon objectif est de dresser un bilan qualitatif de la totalité de ces mots à la fin de 2024 pour « une description adéquate du phénomène de l'emprunt » (Schmitt 1984 : 204) résultat du métissage linguistique provoqué par la division cartographique coloniale, la rencontre d'innombrables groupes humains et la pratique du nomadisme diffusé au niveau continental.

Le manque d'une recherche spécifique en ce domaine n'a fait qu'enregistrer des mots sous la définition générique d'africanismes alors qu'on parle d'un espace immense s'étendant du désert du Sahara au Cap de Bonne Espérance, de l'Océan Atlantique à l'Océan Indien, sans aucune attention pour l'origine de chaque entrée et en sous-estimant de fait ce type de contributions. Au départ, une telle analyse a pu compter sur une bibliographie limitée, un traitement incomplet et une éty-mologie souvent absente puisque, jusqu'à présent, le résultat n'a été que de brèves listes de quelques mots réunis sous un titre évoquant une certaine idée d'ailleurs aussi éloigné qu'imprécis, de Pierre Guiraud qui en classifie un nombre exigu (quinze au total) sous le syntagme de « mots exotiques » (1965 : 61), à Henriette Walter qui dresse, sans pourtant expliciter ses sources, une liste d'une vingtaine d'entrées de l'« exotisme africain » en trois paragraphes, zoologie, botanique, rites et croyances (1997 : 241-244).

Le corpus que j'ai petit à petit composé (Raschi 2017), est actuellement com-plété par les mots présents dans la macrostructure du *Dictionnaire de l'Académie française* qui vient de terminer sa neuvième édition en novembre 2024. À cela, j'ai ajouté *Le Robert Dictionnaire historique de la langue française*,[1] qui précise les racines étymologiques, et l'*Inventaire des particularités lexicales du français en*

---

1   Il s'agit de la version imprimée et établie sous la direction d'Alain Rey, *Le Robert Dic-tionnaire historique*. Dorénavant désigné RH.

Afrique Noire,[2] œuvre fondamentale de l'IFA, dont l'acronyme a été choisi pour nommer l'équipe de spécialistes qui a complété cette expérience initiale de description systématique des variétés lexicales du français en Afrique francophone (Bal : 1984 : 11), une publication pionnière poursuivie ensuite par la revue *Le français en Afrique*. J'ai aussi consulté la *Base de Données Lexicographiques Panfrancophone* (BDLP) fondée par Claude Poirier en 2005, importante pour vérifier les variantes graphiques des mots répertoriés. Inscrite dans le plus ample projet du *Trésor des vocabulaires français* de Bernard Quemada, elle rassemble les bases lexicographiques de quelques pays africains (Burundi, Cameroun, Centrafrique, Congo-Brazzaville, Côte d'Ivoire, Madagascar, Rwanda, Tchad).

J'ai également effectué le dépouillement systématique de la double version imprimée et numérique du *Robert 2024*, reflet attentif des mouvements de l'usage et des tendances des usagers, qui enregistre, une année après l'autre, les avancées, les enjeux et les diatopismes[3] d'un espace français polycentré (Klinkenberg 2007) et constitue, par ce biais, le terrain privilégié d'application de la lexicographie dont la dimension interculturelle est indéniable.[4] En optant pour la version informatisée, qui facilite l'accès aux indications du dictionnaire et la rapidité de la consultation (Verlinde 2005 : 19), on dispose des étymologies venant des langues africaines citées telles que bantou, hottentot, malinké, sango, swahili, wolof, yoruba et zoulou, des groupes ethniques très importants en Afrique pour le nombre des locuteurs et l'ampleur des régions concernées. Quant aux nouveaux mots, ils sont accessibles à travers un compte utilisateur, même si cette mise à jour de 2024 ne pourra que s'accroître dans le futur pour les multiples contacts et échanges en acte.

Focus sur les mots

Notre analyse suit les deux axes diachronique et synchronique[5] dans la considération de « la continuité entre constructions externes et constructions internes » (Lerat 1985: 15) à la langue au fil du temps. Comme il est d'usage pour tout dictionnaire de langue, les entrées répertoriées et illustrées envisagent une description complète portant sur l'orthographe (parfois les orthographes) de l'item

---

2 IFA (Équipe coordonnée par Danièle Racelle-Latin), *Inventaire des particularités lexicales du français en Afrique Noire*, Paris, EDICEF/AUF, 2004. Dorénavant désigné INV.
3 La nomenclature relative à ce concept est plutôt riche puisque les sociolinguistes parlent de variantes, de variantes topolectales, de particularismes et de particularités lexicales (Bavoux 2008 : 337).
4 Cf. les études de Galisson (1991) et de Pruvost (2009).
5 Cf. Rey-Debove (1971 : 174) sur ces deux perspectives d'étude.

lexical, la transcription en alphabet phonétique, la catégorie grammaticale, la définition et les exemples ou citations, les syntagmes les plus fréquents, les dérivés et composés, outre les synonymes et antonymes. La plupart des mots détectés appartiennent à des champs sémantiques bien précis, de la zoologie à la biologie, de la musicologie aux arts que nous allons définir et cataloguer dans ce travail afin de « colliger, recenser, décrire »[6] l'existant.

La flore

Contrairement à ce qui arrive en français standard, où l'on distingue générale-ment l'arbre de son fruit, ici on assiste à une dérivation métonymique étendue à tout le champ lexical de la botanique emprunté aux langues africaines. Comme le remarque Marc Bonhomme, « se conformant au moule néologique fourni par les langues en place, l'arbre et la plante désignent après coup leur fruit ou la sub-stance qu'on en tire » (Bonhomme 2006 : 201), c'est-à-dire le bois. L'entrée « cola », relevée depuis 1610, présente une étymologie assez générique « mot d'une langue d'Afrique occidentale » (PR, 464). Les deux genres grammaticaux sont prévus à la fois : le masculin, pour la botanique qui s'enrichit du synonyme « colatier » ; le féminin, pour le fruit, présent dans des syntagmes tels que « vin de cola » et « noix de cola » (RH tome 1, 798), ainsi que dans la variante graphique « kola » rappelée par le *Dictionnaire de l'Académie*.[7] Quant à la BDLP, ces deux modalités se trouvent dans les bases du Centrafrique et du Congo-Brazzaville, alors que celle du Tchad ne suppose que l'orthographe avec un K initial. L'*Inventaire* ajoute une définition encyclopédique qui en souligne l'importance culturelle et historique en tant que « cadeau rituel dans la société traditionnelle » (INV, 85).

« Igname », attesté depuis 1515, vient « du peul *nyami* "manger" » qui est entré d'abord en portugais « inhame », pour ensuite rejoindre le français (PR, 1275). L'*Inventaire* confirme qu'il s'agit d'un mot mandingue, mais ajoute que son genre est fluctuant (INV, 185). La définition porte, dans un premier temps, sur la bota-nique et seulement ensuite sur le tubercule utilisé pour l'alimentation.

Paru en 1868, « karité » appartient à « une langue d'Afrique occidentale » (PR, 1408). La définition encyclopédique renvoie avant tout à la famille à laquelle cet arbre appartient (*sapotacées*), le syntagme synonymique (arbre à beurre) et la loca-lisation (Afrique équatoriale). En même temps, elle s'étend au fruit (graine), à sa texture (substance grasse) et ses utilisations. Ces dernières vont de l'alimentaire au cosmétique, où il est plutôt connu sous le syntagme « beurre de karité ». Ce dernier

---

6 Bernard Cerquiglini, *Préface*, dans Bavoux 2008.

7 Cf. https://www.dictionnaire-academie.fr/article/A9C2881 (consulté le 16/10/2024).

est amplifié grâce à la citation d'Albert Londres : « Ce beurre végétal se met à toutes les sauces. Il sert à la cuisine, à la toilette. Il graisse les plats, lubrifie les peaux ».

L'étymon de la lexie « gombo », attesté depuis 1757, est un mot bantou de l'Angola, « ki-ngombo » (PR, 1607) que les esclaves de la traite ont introduit en Louisiane et aux Caraïbes (RH, tome 2, 1606). La définition encyclopédique nomme la famille botanique (*malvacées*), la consommation des feuilles et des fruits et ajoute une citation d'Abdoulaye Sadji. Deux précisions ultérieures portent respectivement sur les modalités de consommation des fruits (comme légumes ou condiments) et sur la marque du pluriel (des gombos).

Suit une série d'entrées où la définition est accompagnée d'une note encyclopédique portant non plus sur l'alimentation tirée du fruit de l'arbre, mais sur l'utilisation que l'on fait du bois. C'est également du bantou que vient la lexie « yohimbehe », nom masculin paru en 1894 (PR, 2756). La définition se veut concise : « Arbre du Cameroun (*rubiacées*), dont le bois violacé est employé dans les mines, en constructions navales », deux indices de résistance auxquels le *Dictionnaire de l'Académie* ajoute quelques éléments descriptifs concernant les fleurs blanches ou mauves, et les feuilles persistantes. Ce terme est suivi de son dérivé biochimique « yohimbine », alcaloïde tiré de son écorce, où le suffixe du vocabulaire de la chimie « -ine » est généralement une marque du féminin.[8]

« Mot d'une langue du Gabon » (PR, 1736) remontant à 1913, « okoumé » est un arbre tropical répandu jusqu'au Congo. Les éléments de l'enrichissement encyclopédique portent sur la rareté (reflets rouges) et sur l'usage pragmatique (ébénisterie et contreplaqué). Il en va de même pour « sipo », attesté depuis 1933, « d'une langue de Côte d'Ivoire » (PR, 2378) que l'*Inventaire* enrichit de la nomenclature en latin (*Entandrophragma utile*), outre une note encyclopédique sur son exploitation commerciale et son exportation (INV, 345), fait significatif dans le cadre des ravages continuels des richesses du continent africain. Deux autres noms présents dans le *Dictionnaire de l'Académie*, indiquent des arbres prisés utilisés dans le secteur des constructions : « izombé » d'une langue de l'Afrique équatoriale et « okoumé », d'une langue du Gabon, répertorié aussi dans la BDLP du Centrafrique.[9]

---

8   Ce qui est valable pour tous les éléments chimiques à l'exception du platine (Cf. Jeffrey Leigh, H.A. Favre, W.V. Metanomski, *Principes de nomenclature de la chimie*, Bruxelles, De Boeck Supérieur, 2001, p. 2.)

9   Il s'agit en particulier des pages suivantes : https://www.dictionnaire-academie.fr/article/A9I2237 et https://www.dictionnaire-academie.fr/article/A9O0323 (consultées le 16/10/2024).

« Tchitola » et « wengé » remontent tous les deux à 1964 et sont venus « d'une langue africaine » (PR, 2515 et 2751). Pour le second mot, la définition se veut plus articulée se dilatant sur la famille botanique (*fabacées*), la préciosité (brun veiné de noir), les synonymes (faux ébénier et palissandre d'Afrique) et le syntagme prépositionnel (« parquet en wengé »). Relevé dès 1962, « iroko » est un terme yoruba et désigne un arbre de la famille des *moracées*. Cette unité lexicale signifie aussi le bois (PR, 1370). L'*Inventaire* précise la nomenclature latine qui ajoute deux adjectifs synonymiques à la fois (*Chlorophora regia ou excelsa*) et le composé « faux-iroko » (INV, 189) indiquant un arbre différent qui donne le *tapa*, un « tissu végétal épais » (INV, 360).

La faune

Les lexies appartenant à la famille de la zoologie sont toutes enrichies d'une note étymologique et d'informations à caractère encyclopédique qui favorisent la compréhension du référent. Relevé dès 1738, le nom masculin « chimpanzé » dérive de la forme « quimpezé », « d'une langue d'Afrique occidentale » (PR, 423) que le *Robert Historique* définit mieux comme « une langue bantou du groupe Kongo » parlée du Zaïre au Gabon (RH, tome 1, 738). L'origine étymologique se fait plus précise dans le cas du renvoi à « bonobo », désignant également un singe, attesté depuis 1955 et pris « d'une langue du Congo » (PR, 277), ce qui mise sur l'aire géographique au détriment de la langue ethnique spécifique. Appartenant à la même famille, « mandrill », apparu en 1751, est un terme composé de l'anglais « man » et du bantou « drill », « singe dans une langue locale » (PR, 1523). On peut lire dans *Le Robert Dictionnaire historique de la langue française* que ce nom est « donné en 1744 par le récit de voyage en Guinée de W. Smith comme un nom en usage chez les colons africains habitant cette région » (RH, tome 2, 2117). Le *Dictionnaire de l'Académie* ajoute aussi « pongo », du bantou « mpongo », pour le nom que l'on donnait autrefois au gorille alors qu'aujourd'hui il s'agit du nom scientifique de l'orang-outang.[10]

Pour la mouche « tsétsé » ou « tsé-tsé », mot bantou à forme dédoublée, on propose aussi bien la variante graphique que morphologique (PR, 2640).[11] On insiste à deux reprises sur ce dernier aspect, étant donné que le pluriel peut présenter une forme régulière ou rester invariable et qu'il est plus fréquemment utilisé comme apposition au substantif mouche. La preuve de cette expansion morphologique vient de la citation de Stéphane Audeguy qui opte pour la forme invariable de ce

---

10 Cf. https://www.dictionnaire-academie.fr/article/A9P3378 (consulté le 16/10/2024).
11 Le dédoublement est également présenté par les grammairiens en faisant recours à redoublement et réduplication. Cf. Andronache 2008 : 1113.

nom : « Ils butaient sur la barrière des mouches, sur la torpeur terrible des tsé-tsé ». Seul l'*Inventaire* amplifie la portée de cette lexie en insistant sur les conséquences de sa morsure qui transmet la maladie du sommeil (INV, 380).

Autre forme dédoublée, le nom masculin « boubou » (PR, 281) est un mot malinké venant plus précisément de Guinée, ce qui constitue un référent sociolinguistique important pour en situer l'enracinement étymologique. À son origine, il signifiait « singe » et remontait à l'époque où l'on se servait de la peau des animaux pour se couvrir. Ensuite, il a été résémantisé pour désigner un vêtement léger utilisé aussi bien par les hommes que par les femmes. C'est probablement à cause de la diffusion de ce mot à l'intérieur du contexte culturel africain, que cette entrée se trouve enrichie d'un exemple narratif tiré d'une œuvre de Sembène Ousmane. Il s'agit d'un choix avisé dans une perspective interculturelle (« Habillé comme pour une cérémonie de deux grands boubous ») qui ne manque pas d'en souligner la richesse du point de vue religieux et social puisqu'on le met pour des occasions de rencontre spéciales. À ce propos, l'*Inventaire* s'étend sur la variété des coupes et des utilisations des boubous selon les confections et les tissus (INV, 47-48).

Du bantou, vient « okapi », nom masculin d'un « mammifère ruminant des forêts humides d'Afrique, de la taille d'une grande antilope et dont la tête ressemble à celle de la girafe » (PR, 1736). La localisation s'élargit au niveau continental et la note encyclopédique procède par analogie en faisant recours à l'imaginaire commun pour en signaler quelques caractéristiques saillantes. À cause de sa diffusion sur le sol africain, il appartient aussi bien à l'anglais, où la première attestation remonte à 1900, qu'au français, où il est relevé l'année suivante. « Gnou » est un mot hottentot que le français connaît depuis 1775 sous la forme « nou », orthographe qui a subi deux variations graphiques en 1782, soit « niou » et « gnou » (PR, 1163). Le cadre de ce terme, indiquant une grande antilope, est complet, vu que l'on passe du nom de la famille zoologique (*périssodactyles*), à la localisation (portion au Sud-Est du continent), pour en finir avec les habitudes comportementales (troupeau et grandes migrations). D'une langue de Guinée vient « potto », petit lémurien nocturne connu du français dès 1896, mais déjà présent chez Buffon en 1766 avec une simplification orthographique « poto ». De plus, la note encyclopédique procède par analogie avec le loris, primate de l'Asie du Sud. Seul l'*Inventaire* en fait le synonyme de paresseux, faisant allusion à ses habitudes comportementales (INV, 303). Dans le *Dictionnaire de l'Académie*, on trouve aussi « galago », nom venant d'une langue du Sénégal et désignant un « petit lémurien carnassier des forêts d'Afrique tropicale, à longue queue, au pelage dense et laineux ».[12]

---

12 Lire à ce propos https://www.dictionnaire-academie.fr/article/A9G0080 (consulté le 16/10/2024).

Pour « suricate », relevé dès 1765, l'étymologie se réfère à « une langue d'Afrique du Sud » et la définition précise le domaine zoologique (*viverridés*), la localisation (Afrique australe) et une analogie (voisin de la mangouste). Dans le cas d'« impala », proche de l'antilope, paru en 1962 et venant du zoulou « i-mpalaj », on trouve une définition encyclopédique et un éclaircissement éthologique (PR, 1285). La dernière édition du *Dictionnaire de l'Académie* insère aussi « cobe », nom masculin emprunté au wolof au XVIIIe siècle, pour indiquer « différentes espèces d'antilopes d'Afrique tropicale et équatoriale, appartenant à la famille des Bovidés »,[13] et « tilapia », un autre nom masculin tiré du bantou « thiape » ou poisson, présent dans la BDLP de Burundi, Centrafrique et Tchad.[14]

La cuisine

Parmi les entrées relatives à la gastronomie, on trouve l'unité lexicale obtenue par dédoublement « pili-pili ». Il s'agit d'un nom swahili masculin invariable, qui est attesté depuis 1957 et qui signifie « piment, poivre » (PR, 1904). Ici aussi, nous avons une métonymie parce que le terme peut désigner le piment tout comme la sauce obtenue à partir de ce dernier. L'*Inventaire* insiste sur ce terme dont l'orthographe est instable, puisqu'il est écrit avec un tiret dans la plupart des pays francophones africains, en un seul mot au Zaïre[15] ou en deux mots au Sénégal (INV, p. 292). La remarque annonce que ce terme est utilisé par les Européens, puisque les Africains parlent en général de « piment » en un syntagme adjectival (doux, fort ou enragé). « Piment » figure également en tant que synonyme, alors que les dérivés sont « pilipilé » et « pilipilisé » présents uniquement dans l'*Inventaire*. Le premier indique l'assaisonnement, le second est utilisé au sens figuré « pour qualifier des paroles un peu cuisantes » (Depecker 1988 : 222). Mot du Sénégal, précisément du wolof, « mafé » (« maffé » en est la variante graphique illustrée dans l'exemple de Calixte Beyala) qui remonte à 1974 selon le *Petit Robert*, est un « ragoût de viande ou de poisson dans une sauce à la pâte d'arachide » (PR, 1500). L'*Inventaire* ajoute le syntagme « mafé du maçon », sorte de casse-croûte de pain et d'arachide, et donne « sauce mafé » comme synonyme de « sauce arachide », diffusée dans la totalité de l'Afrique Occidentale.

Nom masculin relevé dès 1901, « tchapalo », mot d'une langue africaine au pluriel régulier, désigne la bière de mil ou de sorgo (PR, 2515). L'*Inventaire* en

---

13 Lire à ce propos https://www.dictionnaire-academie.fr/article/A9C2715 (consulté le 16/10/2024).
14 Cf. https://www.dictionnaire-academie.fr/article/A9T1194 (consulté le 16/10/2024).
15 Actuelle République Démocratique du Congo (RDC).

situe l'origine au Burkina et propose quatre variantes graphiques (« chapalo », « chapalot », « kiapalo », « tyapalo »). Il se retrouve aussi dans le dérivé « tchapalottière », pour signifier une femme qui prépare et vend du « tchapalo », exemple de formation locale par dérivation régulière sur une racine en langue ethnique (INV, 363).[16] Le *Dictionnaire de l'Académie* a récemment ajouté le nom masculin *yassa*, d'une langue du Sénégal pour frire. Il s'agit d'un « Plat sénégalais composé de viande ou de poisson marinés dans du jus de citron avec des oignons et des épices puis grillés et servis en sauce »[17] et il est également présent dans la BDLP de la Côte d'Ivoire.

« Acra » ou « acrat » est un nom masculin d'origine yoruba apparu en 1863. La définition du *Petit Robert* ne l'insère que dans la cuisine créole, où cela désigne une « boulette faite d'une pâte de farine et de poisson émietté ou de légumes écrasés, assaisonnés d'aromates, frite dans l'huile bouillante ».[18] À propos de l'orthographe, l'*Inventaire* enregistre quatre variantes (« acara », « accra », « akara », « akra ») et précise que la pâte contient des haricots ou du « niébé », nom donné à ce légume en contexte africain (INV, 3). Sa présence dans la BDLP des Antilles correspond à la note encyclopédique du *Robert Historique* selon laquelle il est « usuel en français des Antilles et s'est un peu répandu en France à travers la cuisine créole » (RH, tome 1, p. 29). Il s'agit donc d'un mot africain arrivé aux Amériques suite à la traite des esclaves.

La musique

L'entrée « bamboula » est un mot bantou, connu en 1688 sous sa variation graphique « bombalon » et puis attesté depuis 1790 en français. La première définition appartient au genre masculin et désigne un tambour dont le synonyme est tam-tam. La deuxième, au féminin, renvoie à la « série de danses africaines exécutées au son du bamboula, durant tout un après-midi et la nuit qui suit » (PR, 215), alors que la troisième rappelle la locution « Faire la bamboula »,

---

16 Nous rappelons qu'il en est de même pour *dolo* et *dolotière*, originaires du Burkina Faso. Cf. le numéro 6 de la revue *Le français en Afrique Noire*, sous la direction de Suzanne Lafage, http://www.unice.fr/bcl/ofcaf/6/6.html (consulté le 16/10/2024).

17 Lire à ce propos https://www.dictionnaire-academie.fr/article/A9Y0017 (consulté le 16/10/2024).

18 Lire à ce propos https://www.dictionnaire-academie.fr/article/A9A0434* (consulté le 16/10/2024).

pour faire la fête accompagnée de tapage.[19] Présent dans la BDLP du Tchad, le *Robert Historique* précise qu'on l'utilise en contexte colonial et raciste, à l'occasion de danses primitives ou dans l'argot militaire des tirailleurs (RH, tome 1, 311). Toujours appartenant à la famille lexicale des instruments de musique, « balafon » (1698) est un substantif masculin venant du malinké et composé du nom « bala », instrument, et du verbe « fo », dire et jouer d'un instrument (RH, tome 1, 301). Si *Le Petit Robert* insiste sur les modalités d'utilisation (percussion et résonateurs) et sur les matériaux (lames et calebasses) qui le composent (PR, 210), le *Robert Historique* ajoute les dérivés « balafonnier » et « balafoniste », pour désigner les joueurs, en précisant que ces deux dernières formes sont marquées par la diatopie, n'étant attestées qu'en contexte africain (RH, tome 1, 301). L'emploi métonymique est mentionné uniquement dans l'*Inventaire* : « fête autour de laquelle on danse au rythme du balafon » (INV, 27). Autre instrument à percussion, le « djembé » est apparu en 1979 et vient du bambara du Mali. La définition de l'*Inventaire* s'étend sur la forme (calice), le matériel creusé (une bille de bois) et le matériel de couverture (une peau de chèvre), à laquelle on ajoute une citation de Fatou Diome. On rappelle une variation graphique « jembé » (INV, 192).

Proche du xylophone, fait de bambou, bois et calebasse, « merimba » remonte à 1777 et appartient à une langue africaine, probablement au bantou (PR, 1538). Suit l'entrée « kora », nom féminin venant du mandingue, dont la date d'apparition reste inconnue. La définition part de l'analogie avec une guitare occidentale, même si en Afrique cet instrument est « composé d'un long manche et d'une calebasse tendue d'une peau » (PR, 1413). Un exemple est ajouté relevant la noblesse de l'instrument puisque seul le griot, le chanteur porte-parole, en joue, et on rappelle une citation de Senghor (« Esprit, souffle sur les cordes de ma kora Que s'élève mon chant »). Un vers poétique qui clôt aussi cette unité lexicale dans l'*Inventaire* afin de souligner la valeur culturelle du poète-phare de la littérature négro-africaine et son autorité dans le repérage des unités lexématiques essentielles à cette aire culturelle (INV, 92).

Dans le cas de « sanza », relevé dès 1947 d'une langue africaine (PR, 2307), on remarque la double transcription phonétique, selon qu'on en respecte ou pas la nasalisation typique du français, mais que les langues africaines ne connaissent

---

19 Cf. https://www.dictionnaire-academie.fr/article/A9B0282 (consulté le 16/10/2024).

pas.[20] La définition en souligne l'appartenance à la tradition musicale et les composantes (des lamelles vibrantes), alors que l'*Inventaire* ajoute une définition encyclopédique qui s'étend sur un mode d'utilisation assez diffusé (« Souvent des graines séchées sont introduites dans la caisse de résonance ») (INV, 334). Dernier lexème zoulou de genre féminin, « vuvuzela » vante un radical onomatopéique et remonte à 2009 (PR, 2748). La définition essentielle porte sur une trompette aux sonorités stridentes utilisée en Afrique australe lors des rencontres de football, une idée que l'exemple ajouté renforce (« supporteurs soufflant dans les vuvuzelas »).

Les peuples

Suivent cinq noms d'ethnies africaines qui ont en même temps valeur d'adjectifs. Attesté depuis 1885, « bantou » offre deux définitions dont l'une relative aux groupes qui s'étendent sur un territoire très vaste, allant du Cameroun à l'Afrique du Sud, l'autre désignant « la famille des langues parlées par ces ethnies » (PR, 219). Les exemples misent sur la régularité morphologique du terme pour la constitution du pluriel, comme le précise la BDLP du Burundi. Un autre mot bantou, « zoulou », remonte à 1847 et comporte aussi bien un féminin qu'un pluriel réguliers. Selon le *Robert Historique*, ce terme est dû à l'onomastique descriptive signifiant « les gens d'en haut » (RH, tome 3, 4157) ou « peuple du ciel »,[21] ce qui est confirmé par la BDLP de la Côte d'Ivoire. À côté de la définition portant sur l'ethnie et la langue de ce peuple d'Afrique australe, on découvre une marque récente (1988) selon laquelle ce nom devient le pseudonyme de tout jeune Africain qui, dans un groupe de pairs, se fait porteur de certains modèles culturels tels que le rap (PR, 2764). « Peul », qui présente comme variante orthographique « peuhl », respecte aussi la règle morphologique pour la formation du féminin. Apparu en 1847, c'est le nom d'un peuple d'Afrique occidentale, alors que depuis 1913 il en désigne aussi la langue (PR, 1879). Il en est de même pour « wolof », attesté dès 1727, et pour sa variante orthographique « ouolof ». Il se réfère au peuple, tout

---

20 Puisque les langues africaines ont été dotées en une période relativement récente d'un système orthographique basé sur le latin, Creissels précise que « la plupart des orthographies pratiquées dans le domaine négro-africain […] négligent totalement ou […] enregistrent de façon incohérente certaines distinctions phoniques : les distinctions tonales ne sont presque jamais indiquées ; la longueur vocalique est le plus souvent négligée ou notée de façon inexacte ; la notation de la nasalité vocalique aussi laisse très souvent à désirer, ainsi que certaines distinctions de timbre vocalique » (Creissels 1989 : 27).

21 Lire à ce propos https://www.dictionnaire-academie.fr/article/A9Z0142 (consulté le 16/10/2024).

comme à la langue de la portion d'Afrique de l'Ouest comprise entre le Sénégal et la Gambie (PR, 2752).

Pour ces noms d'ethnies africaines, on souligne qu'ils se comportent comme les autres noms de nationalité présents en français. Ils font tous partie de ces termes qui sont à la fois noms et adjectifs,[22] raison pour laquelle « il est impossible de leur assigner *in abstracto* une catégorie en dehors de leurs emplois dans des contextes donnés » (Mercier 2012 : 8). À propos de ces lexies, l'*Inventaire* ne les envisage que dans le cadre réservé à l'étymologie, alors que le *Robert Historique* les insère dans le *Glossaire* final où l'on trouve une définition encyclopédique sur leur origine, localisation et diffusion (RH, tome 3, 4161-4191). La dernière édition du *Dictionnaire de l'Académie* insère aussi « dogon », adjectif invariable en genre et de sens incertain, mais dont on précise la localisation s'agissant d'un peuple d'agriculteurs installé dans une zone montagneuse du centre du Mali et du Nord du Burkina Faso, près du fleuve Niger.[23]

Les maladies

La terminologie médicale d'origine africaine est présente et active dans la langue française. À partir de 2004, on enregistre « chikungunya » un nom masculin swahili signifiant « celui qui est courbé », métaphore des douleurs articulaires provoquées par cette maladie qui est transmise aux gens par la piqûre d'un moustique et qui se trouve dans la totalité des ressources lexicographiques consultées auxquelles j'ai ajouté les fiches terminologiques de l'Institut Pasteur de Paris, qui représente l'excellence en la matière.[24] Proche de ce premier virus, puisqu'il s'agit encore d'une autre fièvre transmise par les moustiques, et qu'il est encore issu du swahili « ki denga pepo », on obtient un nom féminin apparu en 1828 pour décrire une crise soudaine, semblable à une crampe, que la légende voulait provoquée par un esprit maléfique.[25] Le *Robert Historique* s'attarde sur le voyage de ce mot « passé d'Afrique orientale aux Indes Occidentales puis en Amérique » (RH, tome 1, 1034), raison pour laquelle cela s'est diffusé aujourd'hui dans le monde

---

22 Michèle Noailly remarque que « la perméabilité des deux catégories est en effet étonnante » (Noailly 1999 : 14).

23 Lire à ce propos https://www.dictionnaire-academie.fr/article/A9_0109 (consulté le 11 Septembre 2024).

24 Cf. https://www.pasteur.fr/fr/centre-medical/fiches-maladies/chikungunya (consulté le 11 Septembre 2024).

25 Lire à ce propos https://pmc.ncbi.nlm.nih.gov/articles/PMC3373045/ (consulté le 11Septembre 2024).

entier sous le nom « dengue ». Le virus « Zika » est une fièvre tropicale transmise également par des moustiques. Le nom en a été repris lorsqu'en 1947 le virus a été isolé pour la première fois chez un macaque en Ouganda.[26]

Plus récemment, on enregistre l'entrée « ebola », du nom d'une région de l'ancien Zaïre où on l'a découvert en 1976, désignant une maladie virale aigüe et sévère probablement transmise par les chauves-souris qui contaminent les personnes manipulant cette viande de brousse. Selon l'Organisation mondiale de la Santé, elle a provoqué plus de onze mille décès officiels durant l'épidémie qui a eu lieu entre 2013 et 2016 de l'Afrique de l'Ouest jusqu'à la République Démocratique du Congo[27]. Un autre syndrome répandu cette fois-ci dans la totalité de l'Afrique subsaharienne, le « kwashiorkor » est enfin synonyme de dénutrition infantile par carence en protéines. Ce nom vient de la langue des Ashanti du Ghana, « kwashi » (enfant) et « orkor » (rouge), qui renvoie à la rougeur de la peau des enfants qui en sont touchés. La lexicographie française l'a accueilli à partir de la moitié du XXe siècle (PR, 1414) et il existe également la forme abrégée « kwash » (INV, 210), plus fréquemment utilisée dans la presse.

Domaines variés

Quelques mots appartiennent à divers champs sémantiques, comme *vaudou*, nom masculin et adjectif attesté depuis 1797, d'une langue du Bénin où il se référait à « un mélange syncrétique de cultes animistes africains et de rites chrétiens », maintenant répandu chez les Noirs des Antilles et d'Haïti.[28] Le *Robert Historique* précise que, par métonymie, il désigne aussi les divinités de ce culte et ceux qui le pratiquent (RH, tome 3, 4006). Quant à l'*Inventaire*, il en enregistre trois variantes, fait remonter l'origine étymologique à l'éwé et l'associe par métonymie à l'apparat desservant le culte (INV, 392). Toujours lié au monde du surnaturel, « grigri » ou « gri-gri » est un mot dédoublé d'origine africaine qui remonte au XVIe siècle pour « diable, esprit malfaisant », bien que son utilisation se soit généralisée en amulette, ayant donc une valeur positive.[29] Très utilisé dans la totalité de l'an-

---

26   Lire à ce propos https://www.pasteur.fr/fr/centre-medical/fiches-maladies/zika (consulté le 16/10/2024).

27   Lire à ce propos https://www.pasteur.fr/fr/centre-medical/fiches-maladies/ebola (consulté le 11/09/2024).

28   Lire à ce propos https://www.dictionnaire-academie.fr/article/A9V0256 (consulté le 11 Septembre 2024).

29   Cf. https://www.dictionnaire-academie.fr/article/A9G1490 (consulté le 11 Septembre 2024).

cienne Afrique Occidentale Française, il est présent dans la BDLP de Burundi, Centrafrique, Congo-Brazzaville et Tchad.

Parmi les objets de la quotidienneté, « walé » ou « awalé » est un nom masculin qui désigne métonymiquement aussi bien le jeu que l'instrument pour le pratiquer.[30] La définition encyclopédique qui l'accompagne explique qu'il « consiste à faire passer des pions (graines ou cauris) d'un trou à l'autre, selon des règles précises, dans une table évidée de douze trous » (PR, 2750). Si la date d'apparition reste inconnue, on en transcrit les variantes graphiques « wali » et « waré ». Quant à l'*Inventaire*, il donne pour synonyme « jeu à/de douze cases », soit un ludonyme déterminé par les composantes et les procédures de l'exécution pragmatique, mais présent seulement dans les manuels (INV, 192).

Mot venu d'Afrique, « tara », relevé dès 1881, est « un lit bas en fibres végétales » (PR, 2508). Une citation de Pierre Loti ajoute un terme de comparaison clarificateur : « sorte de sofa en lattes légères ». L'*Inventaire* est plus immédiat dans sa démarche, le rapprochant simplement d'une natte et ajoutant qu'il s'agit d'un élément typique de la brousse (INV, 361).

D'une langue du Niger, « banco » remonte à 1679 mais paraît en 1974 et signifie « banc, comptoir » (PR, 217). Le mot venu d'Afrique, illustré par une citation de Sembène Ousmane, signifie le matériau de construction traditionnel fait de terre argileuse et de pâte hachée. Absent du *Robert Historique*, ce terme figure dans l'*Inventaire* sous la double forme graphique « banco » ou « banko », et dans la locution adjectivale ou adverbiale « en banco » synonyme d'« en dur », pour durable antonyme de provisoire (INV, 128). La dernière édition du *Dictionnaire de l'Académie* insère la forme dédoublée « potopoto » ou « poto-poto » de dérivation wolof pour vase, boue et boue séchée, servant à la construction de murs et présente dans la BDLP des pays de l'Afrique centrale (Burundi, Rwanda, Centrafrique et Tchad).[31]

Un problème de datation concerne le cas d'« harmattan » puisque le *Petit Robert* en fait remonter l'apparition à 1765 (PR, 1216), alors que le *Robert Historique* qui l'anticipe à 1753, précise qu'il s'agit d'un emprunt au fanti, « haramata », nom donné au Ghana à un vent très chaud et sec qui souffle de l'Est en Afrique de l'Ouest, et introduit une citation de Massa Makan Diabaté qui focalise sur la saison sèche, ce qui en constitue l'acception métonymique (RH, tome 2, 1688).

---

30   Le jeu est plus connu sous le nom d'« awalé ».
31   Cf. https://www.dictionnaire-academie.fr/article/A9P3697-A (consulté le 11/09/2024).

Attesté depuis 1890, « bougnoul » est un mot wolof qui signifie « Noir ». La marque explicite la variation diastratique (registre familier, péjoratif) et souligne la portée d'injure raciste (PR, 285). La définition suit l'ordre chronologique, puisqu'en contexte colonial il s'agissait de l'épithète que les Blancs utilisaient pour désigner les Noirs autochtones, alors que depuis le XXᵉ, il s'étend aussi aux personnes venant du Maghreb selon une extension sémantique d'attaque contre tous ceux qui débarquent en France à partir du continent africain. Le *Robert Historique* propose la variante graphique « bounioul », le verbe « bougnouliser », paru en 1935, dans le sens de « faire souche avec une Noire » avec une lourde connotation raciste de la sphère sexuelle, et le nom « bougnoulisation », relevé dès 1970, dans le sens d'installation de nombreux travailleurs immigrés dans un seul endroit (RH, tome 1, 464).

Conclusion

Dans ce chapitre, j'ai dessiné le panorama qui manquait à la lexicographie du XXIᵉ siècle puisqu'il s'agit des mots français d'origine africaine dont on n'avait donné qu'une définition vague et quelques rares entrées éparses. J'ai obtenu ce tableau grâce à la comparaison de plusieurs dictionnaires cités au début de ma recherche. Cela m'a permis d'envisager et de suivre quelques pistes de réflexion morphologique et sémantique qui ont exalté le pouvoir d'attrait multiplicateur des mots : la langue en ressort en tant que structure ouverte et changeante, vive et rhizomatique, en une image sciemment impressionniste, un adjectif que j'utilise ici dans un sens positif. L'Afrique Noire est présente dans ces dictionnaires par des mots qui y sont enregistrés en tant qu'emprunts à d'autres langues, appartenant à un univers culturel différent (Dubois 1994 : 177). Ils véhiculent des notions faisant défaut au français de France, ce qui fait qu'ils ont pour la plupart une « valeur dénotative » (Bal 1984 : 7) renvoyant à des réalités propres au contexte dont ils surgissent et auquel ils appartiennent.

Au total, j'ai répertorié et illustré des entrées de champs sémantiques variés donnant la possibilité de parcourir un continent très vaste et généreux de mots aussi bien rares qu'actuels pour lesquels j'ai de fait tenu compte des multiples facettes au fil desquelles s'articule le prisme nécessaire à composer la langue dans sa totalité, c'est-à-dire à la considérer sous ses aspects historiques et spatiaux, politiques et culturels, artistiques et humains. Bien qu'il soit toujours compliqué de proposer une analyse quantitative, ce corpus a atteint les soixante unités et, comme tout résultat, cela impose une certaine réflexion. Nous savons que la présence française en Afrique a débuté au XVIᵉ siècle avec des comptoirs nécessaires aux commerces et basés tout au long des côtes atlantiques, pour se consolider ensuite durant la très vaste période de la colonisation qui s'est officiellement terminée dans les années Soixante du XXe siècle. Mais la domination française en Afrique subsaharienne a été une forme d'exploitation totale dont les résultats pragmatiques que l'on voulait obtenir suivaient l'unique règle du plus vaste profit à l'avantage exclusif de la France avec une nette séparation des espaces et des rôles entre les colonisateurs et les colonisés, ce qui explique que le nombre atteint par ce corpus est loin des chiffres auxquels arrivent d'autres apports. Réfléchissons sur deux exemples parmi d'autres. D'un côté, Alain Rey comptabilise de cent à cent cinquante mots dans le cas du gaulois et pourtant ces étymologies sont difficiles à retracer pour la rareté de témoignages écrits (RH tome 2 : 1566). D'un autre côté, Jean Pruvost évoque quatre cent mots d'origine arabe et envisage plusieurs moments fondamentaux pour la fixation de ces emprunts, à partir de l'époque des Croisades, en passant par l'évocation de la langue savante des traductions, des sciences et des commerces dans le pourtour de la Méditerranée, pour arriver à la politique de la colonisation prévoyant toutefois dans ce cas une forme de peuplement, donc de coexistence et d'échange majeure (Pruvost 2017).

Sous une perspective plus ample, on pourrait sans doute reconsidérer la tâche du lexicographe, contraint comme il est de revêtir des habits alourdis par l'élargissement permanent du concept de langue française une et plurielle, selon l'idée de Klinkenberg afin d'approfondir ce domaine florissant de la diaspora lexicale noire (Klinkenberg 2007). Depuis toujours « le lexique forme un ensemble ouvert » (Bal 1984 : 14) et donc les modes tout comme les urgences (j'ai envisagé le champ lexical des épidémies) sont là pour enrichir et donner leur apport au français dans son actualité. Je pense tout spécialement à ces « parlers hybrides » (nouchi, camfranglais, francolof) qui commencent à apparaître dans le français de France grâce aussi à leurs dimensions identitaires, cryptiques et ludiques, puisque la langue s'adapte aux espaces et aux temps de ses usagers tout comme à leurs exigences communicationnelles (Gadet et Ludwig 2015 : 93-98).

À ce propos, je rappelle deux cas précis qui peuvent ouvrir la voie à des pistes futures : le verbe nouchi « s'enjailler » (s'amuser) qui portait la définition précise d'argot ivoirien lorsqu'il a fait son apparition dans le *Petit Larousse illustré 2017* et encore le substantif « boucantier » (personne exhibant sa richesse de manière ostentatoire) de pareille origine, qui a été inséré dans l'édition 2020 de ce même dictionnaire. Ces enregistrements progressifs de nouveaux mots ont attiré mon intérêt pour toutes les raisons que je viens d'évoquer. C'est pour cela d'ailleurs que l'on parle d'un vocabulaire actif puisque la langue est en évolution permanente et qu'il est certainement impossible à l'heure actuelle d'analyser les nouveaux défis de la sociolinguistique sans étudier les comportements linguistiques dus à la diasporisation aussi bien qu'à l'immigration (Siebetcheu et Machetti 2019 : 16).

Conclusion
Nouvelles perspectives

Me voici au bout de mon voyage, il est temps d'en tirer les conclusions en en retraçant rapidement les étapes. J'ai questionné la complexité de la réalité francophone au prisme des éléments historiques, sociaux et politiques qui l'ont engendrée et l'ai reliée à la multitude de facteurs sociolinguistiques extrêmement divers selon lesquels elle se produit et se reproduit. Le parcours de recherche conçu pour ce livre s'est tout d'abord concentré sur le français de la Côte d'Ivoire et du Cameroun, pour ensuite se focaliser sur la disparition de cette langue de la réalité rwandaise et réfléchir enfin sur l'enrichissement du français de France au contact de ces langues-cultures. J'ai tour à tour porté mon attention sur certains aspects spécifiques de ces réalités francophones, notamment dans le contexte du rap, des « lieux de mémoire » et des dictionnaires, ainsi que des emprunts qui ont été absorbés par le français dit standard. J'ai obtenu une panoplie de situations parfois même antithétiques, si l'on pense d'un côté au silence et de l'autre à l'accroissement.

Salikoko S. Mufwene suggérait, comme je l'ai rappelé dans mon introduction, d'appréhender la langue comme s'il s'agissait d'un être vivant, d'un virus, et de toujours l'imaginer en relation avec des exigences pragmatiques, essentiellement économiques, affirmant qu'une langue ne s'impose pas, mais qu'elle doit répondre à de nombreuses exigences donnant lieu à des mouvements à la fois substratiques, adstratiques et superstratiques.

Un riche éventail de métaphores a été proposé pour parler de la complexité du phénomène linguistique évoqué parmi lesquelles il y en a une, particulièrement efficace, souvent utilisée par Ferdinand de Saussure qui se sert du jeu d'échecs (Saussure 1995 [1916] : 168). Le secret consisterait non pas dans les énoncés ni dans leur entité ou description, mais dans la force, la difficulté, l'énergie imprimée au mouvement, au passage de l'un à l'autre, condition indispensable pour atteindre un résultat, arriver au changement, à l'interaction.

Une autre belle métaphore a été rappelée par Jean-Marie Klinkenberg : elle exploite le système solaire pour le redessiner. Le Soleil y serait représenté par la France positionnée au centre avec sa norme, et tout autour graviteraient les planètes, à savoir les différentes réalités francophones animées par des forces centripètes et/ou centrifuges.[1] Bien qu'utile, cette représentation accorde beau-

---

1 Jean-Marie Klinkenberg, « La francophonie comme idéologie. Mythes et réalités d'un discours sur la diversité culturelle », *Revue de l'Université de Moncton*, n. 1, vol. 48, 2017, p. 29-32, https://doi.org/10.7202/1043559ar (consulté le 25 février 2025).

coup d'importance au centre, dont dépendraient toutes les autres forces en présence.

Si je devais condenser les résultats obtenus par la totalité de mon parcours, j'utiliserais l'image de force dans son acception scientifique, celle de la physique d'un mouvement diversement accéléré. Cette diversité serait due aux enjeux politiques, commerciaux, éducatifs, numériques, donc à un réseau de variables, latentes ou puissantes, présentes selon les moments, les partages, les rencontres ou les contacts. Je reviens donc à l'idée d'énergie qui constitue le fil rouge de mon plan que j'ai axé dès le début sur le mot « dynamique », concept de physique qui adhère à mon projet de recherche.

Dérivé du grec « dunamis » pour force (RH tome 1 : 1148), « dynamique » ou mouvement, vitalité, devenir dans un rapport d'interaction, signifie « proprement la science des puissances ou causes motrices, c'est-à-dire les forces qui mettent les causes en mouvement ».[2] Il est question de corps, de force et de vitesse pour obtenir l'énergie nécessaire à tout mouvement et, dans ce système, les variables présentes peuvent se différencier ainsi que les modalités de réalisation. Tout en sachant qu'il est difficile d'appliquer les principes de la physique à d'autres domaines sans les dénaturer, je pense que ces comportements linguistiques se rapprochent des dynamiques de la physique.

Prenons pour modèle les trois lois de la dynamique de Newton. Nous obtenons un « principe d'inertie » ou d'absence, de manque, de silence, ce qui me semble correspondre au cas du Rwanda qui a marqué notre point d'arrêt ; un « principe de proportionnalité » comme ce qui advient pour les parlers jeunes dont la présence massive dans certains contextes arrive à produire des modalités linguistiques totalement différentes puisque rivées sur leurs exigences et, pour finir, le « principe de cause à effet » tel que nous l'avons vu pour le français central qui se teinte des couleurs venues d'Afrique.

Afin d'approfondir la comparaison, je souhaiterais me référer plus précisément à la mécanique quantique qui est la description du comportement de la matière et de la lumière en particulier pour ce qui se passe à l'échelle atomique où, comme

---

2   Il s'agit de l'article « Dynamique » (*Enc.*, V, p. 174b) signé par Jean Le Rond D'Alembert dans l'*Encyclopédie ou Dictionnaire raisonné des sciences, des arts et des métiers, recueilli des meilleurs auteurs, et particulièrement des dictionnaires anglois de Chambers, d'Harris, de Dyche, &c. par une société de gens de lettres. Mis en ordre & publié par M. Diderot; & quant à la Partie Mathématique, par M. D'Alembert, de l'Académie Royale des Sciences de Paris & de l'Académie Royale de Berlin*, Paris, Briasson, David l'aîné, Le Breton, Durand, 1751-1772. D'Alembert est aussi l'auteur du célèbre *Traité de dynamique* (Paris, Durand, 1743).

le dit Richard P. Feynman, il existe divers types d'énergie. C'est pour cette raison qu'on ne peut pas parler de dynamique au singulier : les niveaux d'énergie peuvent être minimes, mais l'atome peut faire plus, il peut vibrer et osciller, ce qui entraîne plusieurs types de mouvement à l'intérieur.[3] De la même manière, toute langue est soumise à de multiples variations en tant que manifestation d'un ensemble de facteurs.

Entité très sophistiquée incluant parfois des aspects non visibles, mais tout aussi importants à considérer, la langue appartient aux usagers qui partagent les mêmes événements socio-historiques ainsi que les mêmes espaces. Son usage présente également de multiples nuances internes et, comme pour la mécanique quantique, « [i]l existe tout un ensemble d'attitudes, de sentiments des locuteurs face aux langues, aux variétés de langues et à ceux qui les utilisent, qui rendent superficielle l'analyse de la langue comme un simple instrument » (Calvet 1999 : 42).

Devant le réseau des complications évoquées, on ne peut pas se contenter de reprendre les données exorbitantes de l'Observatoire démographique et statistique de l'espace francophone (ODSEF) qui, sur sa page Internet, affiche en ouverture des chiffres prometteurs « Plus de 345 millions de francophones sur la planète aujourd'hui et près de 90% de la jeunesse francophone sera africaine à l'horizon 2050 ».[4] D'un autre point de vue, la situation linguistique du Rwanda où j'ai évoqué un effet domino dans la région de l'Afrique centrale, ne peut pas manquer de faire réfléchir sur ce qui est en train de se passer en Afrique Occidentale où la sortie du Mali, du Niger et du Burkina Faso de la Communauté Économique Des États de l'Afrique de l'Ouest (CEDEAO) pourrait avoir de lourdes conséquences dans un futur proche sur le maintien de la langue française en tant que langue véhiculaire et sur l'allocation de fonds pour son enseignement.[5] Cet engrenage plus articulé obtenu suite à nos analyses spécifiques et aux mouvements tracés (Nord-Sud, Sud-Nord, Sud-Sud) me semble vouloir dire qu'il faut changer notre manière de voyager qui n'est rien d'autre que notre manière de regarder pour comprendre.

Si le philosophe sénégalais Souleymane Bachir Tiagne affirme « [l]e français n'a d'avenir en Afrique que s'il reconnaît les langues locales » en s'inscrivant dans

---

3   Lire à ce propos : Richard P. Feynman, Robert Leighton, Mattew Sands, *La fisica di Feynman*, Bologna, Zanichelli, 2017, pp. 1-23.

4   Cf. https://www.odsef.fss.ulaval.ca/ (consulté le 16 décembre 2024).

5   Le dernier article consacré à ces problèmes cuisants évoque exactement l'image du domino dans son titre (Michele Bollino, « Effetto domino », *Nigrizia*, febbraio 2025, pp. 32-35).

le pluralisme linguistique de ces contextes,[6] je dirais qu'il faut aussi étudier les enrichissements apportés à la langue française par les langues et les cultures de l'Afrique subsaharienne afin de les évaluer. Seul ce mouvement de réciprocité, dans le sens du « donner » et du « recevoir » qui est consubstantiel à toute notion de contact, consentira d'établir bien des relations, des mouvements, des dynamiques pour un français « multidimensionnel » (Zang Zang 2018 : 16), « polycentrique » (Klinkenberg 2007) et porteur de vitalité.

---

6   Il s'agit du titre d'une belle interview publiée par Fatoumata Diallo, « Le français n'a d'avenir que s'il reconnaît les langues locales », *Jeune Afrique*, 20 mars 2019, disponible à la page https://www.jeuneafrique.com/751704/societe/le-francais-na-davenir-en-afrique-que-sil-reconnait-les-langues-locales/ (consultée le 18 décembre 2024).

Postface
De quelques idées pour continuer le voyage
Antonella Negri

Dynamiques, mouvements, aller-retour, voilà quelques images très pertinentes pour approfondir l'état et la variation de la langue-culture française en Afrique subsaharienne. En tant que philologue romane, j'ai immédiatement reconnu dans ce projet un plan très cohérent et bien des points de connexion avec mes recherches personnelles, puisque je me suis toujours occupée d'approfondir la genèse et le développement des langues romanes sous une optique historique et comparative. Et ce livre suit justement deux axes d'analyse, le diachronique et le synchronique, pour réfléchir sur la langue en tant que phénomène historique, social et culturel à la fois.

Dans le cas de la très hétérogène situation linguistique de l'Afrique subsaharienne, dont l'Histoire s'est forgée pendant les siècles qui précèdent l'indépendance des pays au contact rapproché des puissances impériales, le terreau est d'emblée fertile. La multiplicité des langues qui y sont parlées s'avère un contexte riche mis en valeur dans ce volume par la recherche de terrain et l'analyse de documents authentiques. Le focus porte sur le français, langue romane au contact des langues locales autochtones, et son évolution est envisagée, décrite et étudiée en suivant un carrefour de compétences, de la connaissance des cultures des peuples africains aux multiples possibilités de recherche et d'échange que ce monde foisonnant peut offrir pour sonder et échanger non seulement des mots et des idées, mais des politiques et des projections sur l'avenir de la langue française qui depuis toujours nous concerne de près.

Ce travail ne manque pas non plus de rappeler que par transferts linguistiques et culturels l'on entend la manière dont les langues et les cultures appréhendent des formes, des valeurs, des modes de pensée et des comportements étrangers, et les intègrent dans leurs productions.[1] À rebours de tout essentialisme, on part du principe qu'un espace culturel est le résultat de déplacements antérieurs et

---

1   Cf. Michel Espagne et Michael Werner (textes réunis et présentés par), *Transferts. Les relations interculturelles dans l'espace franco-allemand (XVIIIᵉ-XIXᵉ siècles)*, Paris, Éditions Recherche sur les Civilisations, 1988.

d'hybridations successives,[2] ce qui implique que l'étude revient à mettre l'accent sur « la valorisation des transformations qui se produisent lors de la circulation internationale des idées et des œuvres ».[3] En ce sens, tout comme dans les derniers travaux sur la notion de transferts culturels, on envisage la possibilité de « penser à la fois l'affirmation et la dissolution des cultures » à travers la variabilité intrinsèque au champ culturel « en constante restructuration ».[4] C'est en cela que les transferts linguistiques et culturels ne peuvent pas être considérés sous l'angle d'une théorie unifiée, réconciliatrice, pas plus que sous l'angle d'une volonté homogène caractérisés comme ils sont par leur hétérogénéité.[5] En plus, le fait d'observer et d'interpréter les transferts culturels en tant que singularités (dans l'ordre, Côte d'Ivoire, Cameroun, Rwanda et France) permet de revenir vers le global et les configurations transnationales.

Depuis des décennies, la politique européenne valorise généreusement le multilinguisme et le plurilinguisme en principe. Toutefois, sur le plan pratique, cette valorisation se concentre sur le soutien aux langues utiles à la compétitivité économique ou à l'attraction d'étudiants étrangers. Au contraire, une politique linguistique qui pense aussi à la formation, et pas seulement à la professionnalisation des étudiants, en vue de la réalité multiculturelle concrète dans laquelle ils sont insérés, devrait investir dans une direction plus globale, qui prenne en compte ces catégories linguistiques et culturelles, utiles pour comprendre l'hybridation de l'Europe linguistique depuis ses débuts et pour identifier les contributions multiculturelles qui ont façonné sa configuration actuelle.

La linguistique romane et la sociolinguistique répondent à ces objectifs et, ensemble, elles peuvent constituer une ressource utile à la recherche et à la didactique dans un environnement universitaire adapté à l'apprentissage de l'histoire des langues romanes, à travers les langues romanes elles-mêmes. De cette manière, la connaissance de la culture européenne au niveau scientifique et disciplinaire

---

2   Cf. Michel Espagne, « Des Juifs allemands aux Juifs français : judaïsme et transferts culturels », *Archives juives : cahiers de la Commission française des archives juives*, vol. 46, n. 2, 2013, pp. 11-29.

3   Damien Ehrhardt, « Après l'élargissement des transferts culturels : les "transfer studies" comme renouvellement des études aréales », *Diogène*, n. 258-260, juin-décembre 2017, pp. 209-220.

4   *Ibidem.*

5   Cf. Gonne Maud, Roland Hubert, Vanasten Stephanie, Crombois Julie, Smeyers Elies, (sous la dir. de), *Paradoxes and Misunderstandings in Cultural Transfer / Paradoxes et malentendus dans les transferts culturels*, numéro spécial : *Interférences littéraires*, n. 26, 2022, pp. 1-266.

pourra sortir de l'impasse d'une formation universitaire caractérisée par des visions sectorielles des disciplines, souvent réfractaires à la valorisation interdisciplinaire des contenus et peu enclines à la transversalité des savoirs pour miser sur les valeurs de complexité et de réciprocité.

Dans une société de plus en plus séduite par des communications assertives et autoritaires, un instrument comme ce livre pourra devenir un outil concret capable de promouvoir un esprit critique qui vérifie les positions et demande de rendre compte des théorisations et des reconstructions. Cette œuvre a en fait le mérite de s'appuyer sur un souci scientifique qui privilégie le partage et la « contamination » entre pratiques et parcours de recherche, tous deux vecteurs de la construction démocratique et consciente des savoirs et des compétences donnant ainsi la correcte dimension historique et culturelle à un débat crucial pour notre contemporanéité.

Note biographique

Professeure titulaire de Philologie romane auprès du Département DISCUI (Dipartimento di Scienze della Comunicazione, Studi Umanistici e Internazionali) de l'Université d'Urbino Carlo Bo, Antonella Negri est Pro-rectrice au développement de partenariats stratégiques nationaux et internationaux et a dirigé jusqu'à la fin de 2024 le *Master pour l'enseignement de l'italien aux étrangers* auprès de son Université de rattachement. Ses domaines de recherche vont de l'étude de la linguistique romane à l'intercompréhension et de la critique textuelle aux épopées du Moyen Âge et de la Renaissance.

Bibliographie

Aboa Abia Alain Laurent, « La francophonie ivoirienne », *Documents pour l'histoire du français langue étrangère ou seconde*, n. 40-41, 2008, pp. 163-178.

Aboa Abia Alain Laurent, « La francophonie ivoirienne : enjeux politiques et socioculturels », *Baobab*, n. 5, 2009, pp. 1-14.

Aboa Abia Alain Laurent, « Le nouchi, phénomène identitaire et posture générationnelle », *Expressions*, n. 3, 2017, pp. 61-70.

Abolou Camille Roger, *Dynamiques des français populaires africains : état des faits, état de la recherche et prospective*, dans AA. VV., *Congrès Mondial de Linguistique Française – CMLF 2010*, 2010, pp. 1813-1829.

Abouet Marguerite et Clément Oubrerie, *Aya de Yopougon*, Paris, Gallimard, (premier volume) 2007.

Adom Marie-Clémence, « Jeux de mots, jeux de rôles, tours de paroles : de la promotion d'un nouvel ordre dans le zouglou, poésie urbaine de Côte d'Ivoire », *Autrepart*, n. 73, 2015, pp. 139-155.

Ahua Blaise Mouchi, « Mots, phrases et syntaxe du nouchi », *Le français en Afrique*, n. 23, 2008, pp. 1-16.

Ahua Blaise Mouchi, « Lexique illustré du nouchi ivoirien : quelle méthodologie », *Le français en Afrique*, n. 25, 2010, pp. 1-19.

Amedegnato Sénamin et Sandra Sramski, *Parlez-vous petit nègre ? Enquête sur une expression épilinguistique*, Paris, L'Harmattan, 2003.

Andriot-Saillant Caroline (dir.), *Paroles, langues et silences en héritage*, Clermont-Ferrand, Presses Universitaires Blaise Pascal, 2009.

Andronache Marta, *Le problème de la continuité en lexicologie historique. Réflexions à partir de la pratique lexicographique dans le cadre du projet DETCOL*, dans Durand Jacques, Benoît Habert, Bernard Laks (éds.), *Congrès Mondial de Linguistique Française*, Paris, Institut de Linguistique Française, 2008, pp. 1103-1116.

Atse N'Cho Jean-Baptiste, « Les verbes du nouchi (parler argotique ivoirien) : pour une analyse morphosyntaxique », *Laboratoire des Théories et Modèles Linguistiques* (LTLM), n. 10, 2014, pp 1-16.

Atse N'Cho Jean-Baptiste, *Appropriation du français en contexte plurilingue africain : le* nouchi *dans la dynamique sociolinguistique de la Côte d'Ivoire*, dans *SHS Web of Conferences 46, 13002 (2018), Congrès Mondial de Linguistique Française (CMLF)*, 2018 https://doi.org/10.1051/shsconf/20184613002 (consulté le 23/11/2024).

Attruia Francesco, « De l'approche lexiculturelle des dictionnaires monolingues : le *Nouveau Petit Robert 2010*, version électronique », *Études de Linguistique Appliquée*, n. 157, 2010, pp. 9-22.

Auzanneau Michelle, « Identités africaines : le rap comme lieu d'expression », *Cahiers d'études africaines*, n. 163-164, 2001, pp. 711-734.

Awondo Patrick et Jean-Marcellin Manga, « "Devenir rappeur engagé" : l'émergence controversée du rap dans l'espace public camerounais », *Politique africaine*, n. 141, 2016, pp. 123-145.

Bailly Diégou, « Français de Moussa – Français maquis répétez : On vous entend très… bien », *Notre Librairie*, n. 87, 1987, pp. 81-84.

Bailly Diégou, *Secret d'État*, Abidjan, CEDA, 1988.

Bal Willy, *Présentation de l'*Inventaire des particularités lexicales du français en Afrique Noire, Bruxelles, Académie royale de langue et de littérature françaises de Belgique, 1984, pp. 1-14.

Bandaman Maurice, *L'État Z'héros ou la guerre des Gaous*, Paris-Abidjan, Michel Lafon et Frat-Mat, 2016.

Bavoux Claudine (dir.), *Le français des dictionnaires. L'autre versant de la lexicographie française*, Bruxelles-Paris, De Boeck-Duculot, 2008.

Bertucci Marie-Madeleine, « Du parler jeune au parler des cités. Émergence d'une forme contemporaine de français populaire ? », *Ponts / Ponti*, n. 11, 2011, pp. 13-25.

Biloa Edmond, *Le français en contact avec l'anglais au Cameroun*, München, Lincom Europa, 2006.

Bissaya Bessaya Euloge Thierry, *Le camfranglais*, Paris, Edilivre, 2015.

Blanc Michel, *Mélange de codes*, dans Moreau Marie-Louise (éds.), *Sociolinguistique. Concepts de base*, Sprimont, Mardaga, 1997, pp. 207-210.

Blumenthal Peter (éd.), *Dynamique des français africains : entre le culturel et le linguistique. Hommage à Ambroise Jean-Marc Queffélec*, Bruxelles, Peter Lang, 2015.

Bohui Djédjé Hilaire, *Petit recueil d'ivoirismes*, Paris, Publibook, 2013.

Bolin Annalisa, « Imagining genocide heritage : material modes of development and preservation in Rwanda », *Journal of Material Culture*, n. 25, 2020, pp. 196-219.

Bonhomme Marc, *Le discours métonymique*, Bruxelles, Peter Lang, 2006.

Brancaglion Maria Cristina, « Mots italiens dans les espaces francophones : nouvelles ressources lexicographiques », *Italiano Lingua Due*, n. 13, 2021, pp. 579-603.

Boutin Béatrice Akissi et Jérémie N'Guessan Kouadio, « Citoyenneté et politique linguistique en Côte d'Ivoire », *Revue française de linguistique appliquée*, n. XVIII, 2013, pp. 121-133.

Boutin Béatrice Akissi et Jérémie N'Guessan Kouadio, *Le nouchi c'est notre créole en quelque sorte, qui est parlé par presque toute la Côte d'Ivoire*, dans Blumenthal Peter (éd.). *Dynamique des français africains : entre le culturel et le linguistique*, Bruxelles, Peter Lang, 2015, pp. 251-271.

Boutin Béatrice Akissi, *Le français de Côte d'Ivoire. Quelle approche pluridimensionnelle de la variation linguistique ?*, Paris, L'Harmattan, 2021.

Bordal Steien Guri et Cécile Van den Avenne, « Présentation : les français d'Afrique. En Afrique. Hors d'Afrique », *Langue française*, n. 202, 2019, pp. 5-10.

Calvet Louis-Jean, *Les voix de la ville. Introduction à la sociolinguistique*, Paris, Payot & Rivages, 1994.

Calvet Louis-Jean, *La sociolinguistique*, Paris, Plon, 1999.

Caubet Dominique, Jacqueline Billiez, Thierry Bulot, Isabelle Leglise et Catherine Miller (éds.), *Parlers jeunes, ici et là-bas. Pratiques et représentations*, Paris, L'Harmattan, 2004.

Celani Simone, Chiara Celata e Oreste Floquet (dir.), *Lingue Romanze in Africa*, Roma, Sapienza Università Editrice, 2021.

Chaleard Jean-Louis, « Les derniers carrés de chocolat. La fin d'un système économico-politique en Côte d'Ivoire ? », *Afrique contemporaine*, n. 193, 2000, pp. 45-55.

Chaudenson Robert, Raymond Mougeon et Édouard Beniak, *Vers une approche panlectale de la variation du français*, Paris, Didier, 1993.

Chaudenson Robert, *Mondialisation : la langue française a-t-elle encore un avenir ?*, Paris, Didier, 2000.

Cormier Monique C., Aline Francœur et Jean-Claude Boulanger (sous la dir. de), *Les Dictionnaires Le Robert*, Montréal, Presses Universitaires de Montréal, 2003.

Coseriu Eugenio, *Lezioni di linguistica generale*, Torino, Boringhieri, 1973.

Courbon Bruno et Camille Martinez, « Représentations lexicographiques de la dénomination. Le traitement de appeler, désigner, nommer et dénommer dans les dictionnaires monolingues du français », *Langue française*, n. 2, 2012, pp. 59-75.

Creissels Denis, *Aperçu sur les structures phonologiques des langues négro-africaines*, Grenoble, Éditions littéraires et linguistiques de l'Université de Grenoble, 1989.

De Féral Carole, *Pidgin-english du Cameroun*, Paris, Peeters / SELAF, 1989.

De Féral Carole, « Étudier le camfranglais : recueil de données et transcription »,
Le français en Afrique, n. 21, 2006, pp. 211-218.

Demaria Cristina and Patrizia Violi, *Reading Memory Sites through Signs : Hiding
into Landscape*, Amsterdam, Amsterdam University Press, 2023.

Depecker Loïc, *Les mots de la francophonie*, Paris, Belin,1988.

Derive Jean et Marie-Jo, « Francophonie et pratique linguistique en Côte
d'Ivoire », *Politique africaine*, n. 23, 1986, pp. 42-56.

Derive Jean et Marie-Jo, « Processus de création et valeurs d'emploi des insultes
en français populaire de Côte d'Ivoire », *Langue française*, n. 144, 2004,
pp. 13-34.

De Robillard Didier et Michel Beniamino, *Le français dans l'espace francophone*,
Paris, Champion, 1993.

Devilla Lorenzo, « "C'est pas ma France à moi…" : identités plurielles dans le rap
français », *Synergies Italie*, n. 7, 2011, pp. 75-84.

Diarra Samba, *Les faux complots d'Houphouët-Boigny : fracture dans le destin
d'une nation (1959-1970)*, Paris, Karthala, 1997.

Dissake Endurence Midinette Koumassol et G. Atindogbé Gratien, « Camfranglais, Rap et Thématiques », *Traduction et Langues*, n. 15, 2016, pp. 125-134.

Dozon Jean-Pierre, « La Côte d'Ivoire au péril de l'"ivoirité". Génèse d'un coup
d'État », *Afrique contemporaine*, n. 193, 2000, pp. 13-23.

Dubois Jean et al., *Dictionnaire de linguistique et des sciences du langage*, Paris,
Larousse, 1994.

Dumas Hélène et Rémi Korman, « Espaces de la mémoire du génocide des Tutsi
au Rwanda. Mémoriaux et lieux de mémoire », *Afrique contemporaine*, n. 238,
2011, pp. 11-27.

Ebongue Augustin Emmanuel et Paul Fonkoua, « Le camfranglais ou les
camfranglais ? », *Le français en Afrique*, n. 25, 2010, pp. 259-270.

Ebongue Augustin Emmanuel, « Usages et distribution des langues dans la chanson camerounaise », *Synergies Afrique des Grands Lacs*, n. 4, 2015, pp. 23-39.

Ebongue Augustin Emmanuel, *Véhicularité des langues camerounaises : mythe ou
réalité ?*, dans Augustin Emmanuel Ebongue, Ellen Hurst (ed. by), *Sociolin-
guistics in African context*, Berlin, Springer, 2017, pp. 53-71.

Eloundou Venant Eloundou, « Constructions technicistes" et épilinguistiques
sur le camfranglais : divergences et convergences », *Le français en Afrique*,
n. 32, 2018, pp. 149-169.

Erny Pierre, *L'école coloniale au Rwanda (1900-1962)*, Paris, L'Harmattan, 2002.

Erny Pierre, *L'enseignement au Rwanda après l'indépendance (1962-1980)*, Paris,
L'Harmattan, 2003.

Ethé Ndibnu Messina J., « Compétences initiales et transmission des langues secondes et étrangères au Cameroun », *Multilinguales*, n. 1, 2013, pp. 105-119.

Feussi Valentin, « Le francanglais comme construction socio-identitaire du "jeune" francophone au Cameroun », *Le français en Afrique*, n. 23, 2007, pp. 33-50.

Feussi Valentin, « Migrance, langues et spatialisation urbaine à Douala – Cameroun », *Cahiers internationaux de sociolinguistique*, n. 1, 2011, pp. 11-31.

Floquet Oreste (éd.), *Aspects linguistiques et sociolinguistiques des français africains*, Roma, Sapienza Università Editrice, 2018.

Fonkoua Hector Kamdem, *A Dictionary of Camfranglais*, Bruxelles, Peter Lang, 2015.

Fosso F., Le camfranglais : une praxeogénie complète et iconoclaste, dans Mendo Ze (éds.), *Le français langue africaine. Enjeux et atouts pour la francophonie*, Paris, Publisud, 1999, pp. 178-194.

Gadet Françoise, *Le français populaire*, Paris, PUF, 1992.

Gadet Françoise, *La variation sociale en français*, Paris, Ophrys, 2007.

Gadet Françoise, Ludwig Ralph, *Le français au contact d'autres langues*, Paris, Ophrys, 2015.

Galisson Robert, *De la langue à la culture par les mots*, Paris, CLE International, 1991.

Gauvin Lise, *La Fabrique de la langue*, Paris, Seuil, 2004.

Glez Dominique, « Presse satirique africaine : entre aridité politique et sécheresse économique », *Africultures*, n. 71, 2007, pp. 106-109.

Guiraud Pierre, *Les mots étrangers*, Paris, PUF, 1965.

Hamers Josiane, Michel Blanc, *Bilingualité et bilinguisme*, Bruxelles, Pierre Mardaga éditeur, 1983.

Harter A. F., « Représentations autour d'un parler jeune : le camfranglais », *Le français en Afrique*, n. 22, 2007, pp. 253-266.

Honke Gudrun (dir.), *Au plus profond de l'Afrique. Le Rwanda et la colonisation allemande 1885-1919*, Wuppertal, Peter Hammer Verlag, 1990.

Jakobson Roman, *Saggi di linguistica generale*, Milano, Feltrinelli, 1966.

Kadi Germain-Arsène, « Gbê est mieux que drap : la musique urbaine, le nouchi et la révolte des jeunes en Côte d'Ivoire depuis les années 1990 », *The Postcolonialist*, n. 1, 2013, disponible en ligne à l'adresse : http://postcolonialist.com/arts/gbe-est-mieux-que-drap-1-la-musique-urbaine-le-nouchi-et-la-revolte-des-jeunes-en-cote-divoire-depuis-les-annees-19902/#_ftn13 (consulté le 23/11/2024).

102   Bibliographie

Kadi Germain-Arsène, « La dynamique du zouglou de Côte d'Ivoire en Afrique francophone », *Diogène*, n. 246-247, 2014, pp. 204-214.

Kadi Germain-Arsène, *Le nouchi de Côte d'Ivoire. Dictionnaire et anthologie*, Paris, L'Harmattan, 2017.

Khan Shaharyar M., *The shallow graves of Rwanda*, London, Tauris, 2000.

Kiessling Roland and Maarten Mouss, « Urban Youth Languages in Africa », *Anthropological Linguistics*, n. 46, 2004, pp. 303-341.

Klinkenberg Jean-Marie, « La norme du français : d'un modèle centré au modèle polycentrique », *Publif@rum*, n. 2, 2007, disponible en ligne à l'adresse : http://publifarum.farum.it/ezine_articles.php?id=49 (consulté le 23/11/2024).

Klinkenberg Jean-Marie, « La francophonie comme idéologie. Mythes et réalités d'un discours sur la diversité culturelle », *Revue de l'Université de Moncton*, vol. 48, n. 1, 2017, pp. 11-39.

Korman Rémi, « La politique de mémoire du génocide des Tutsi au Rwanda : enjeux et évolutions », *Droit et cultures*, n. 66, 2013, pp. 87-101.

Korman Rémi, « L'État rwandais et la mémoire du génocide. Commémorer sur les ruines (1994-1996) », *Vingtième siècle*, n. 122, avril-juin 2014, pp. 87-98.

Korman Rémi, « Espaces sacrés et sites de massacre après le génocide des Tutsi. Les enjeux de la patrimonialisation des églises au Rwanda », *Vingtième siècle*, n. 137, janvier-mars 2018, pp. 155-167.

Kouabena Théodore, Dodo Jean-Claude et Youant Yves-Marcel (coord.), *Les parlers urbains africains au prisme du plurilinguisme : description sociolinguistique*, Tome 1, Vincennes, Observatoire européen du plurilinguisme, 2019, pp. 277-286.

Kouacou N'Goran Jacques, « De l'impact de la langue : quand le nouchi devient un outil de développement », *Akofena*, n. 2, 2023, pp. 207-236.

Kouadio Jérémie N'Guessan, « Le français : langue coloniale ou langue ivoirienne ? », *Hérodote*, n. 126, 2007, pp. 69-85.

Kouadio Jérémie N'Guessan, « Le français en Côte d'Ivoire : de l'imposition à l'appropriation décomplexée d'une langue exogène », *Documents pour l'histoire du français langue étrangère ou seconde*, n. 40-41, 2008, pp. 179-197.

Kouadio Kobenan N'guettia Martin, *Le rap en Côte d'Ivoire : la désarticulation du code français et les significations d'une poésie urbaine chantée*, dans Ngalasso-Mwatha Musanji (sous la dir. de), *L'imaginaire linguistique dans les discours littéraires, politiques et médiatiques en Afrique*, Pessac, Presses Universitaires de Bordeaux, 2010, pp. 631-647.

Kouega Jean-Paul, *Camfranglais : a glossary of common words, phrases and usages*, Munich, LINCOM Europa, 2013.

Kourouma Ahmadou, *Allah n'est pas obligé*, Paris, Seuil, 2000.

Kube Sabine, *La francophonie vécue en Côte d'Ivoire*, Paris, L'Harmattan, 2005.

Labov William, *The social stratification of English in New York city*, Washington, Center for Applied Linguistics, 1966.

Lafage Suzanne, « Esquisse des relations interlinguistiques en Côte d'Ivoire », *Bulletin de l'Observatoire du Français Contemporain en Afrique Noire*, n. 3, 1982, pp. 9-27.

Lafage Suzanne, « Le lexique français de Côte d'Ivoire : appropriation et créativité », *Le français en Afrique*, n. 16-17, 2002, disponibles en ligne à l'adresse : http://www.unice.fr/bcl/ofcaf/16/16.html (consultés le 23/11/2024).

Lasserre Frédéric et Catinca Adriana Stan, « Guerres coloniales et commémoration : le cas des défaites occidentales. Enjeux de pouvoir sur des lieux de mémoire », *L'Espace Politique*, n. 36, 2018, disponible en ligne à l'adresse : http://journals.openedition.org/espacepolitique/5591 (consulté le 23/11/2024).

Leca Mercier Florence, *L'adjectif qualificatif*, Paris, Colin, 2012.

Lehmann Alise et Françoise Martin-Berthet, *Introduction à la lexicologie. Sémantique et morphologie*, Paris, Nathan, 2003.

Lerat Pierre, « Principes de linguistique du mot », *L'information grammaticale*, n. 26, 1985, pp. 14-16.

Lesacher Claire, « Rap, genre, langage et québéquicité: enjeux et tensions sociolinguistiques de l'accès aux espaces médiatiques à Montréal », *Cahiers internationaux de sociolinguistique*, n. 10, 2016, pp. 233-256.

Losch Bruno, « La Côte d'Ivoire en quête d'un nouveau projet national », *Politique africaine*, n. 78, 2000, pp. 5-25.

Lotman Youri M., *L'explosion et la culture*, Limoges, PULIM, 2005.

Martinet André et Henriette Walter, *Dictionnaire de la prononciation française dans son usage réel*, Paris, France-Expansion, 1973.

Mbonimana Gamaliel, *L'instauration d'un royaume chrétien au Rwanda (1900-1931)*, Thèse de Doctorat, Université Catholique de Louvain, 1981.

Merle Jean-Marie, *Étude du conditionnel français*, Paris, Ophrys, 2001.

Mesas Thierry (dir.), *Rwanda nziza*, Saint-Maur des fossés/Kigali, Sépia/Urukundo, 2005.

Moulard-Kouka Sophie, *Quand « se présenter » veut dire « exister » : du concert party au rap, quarante ans de pratiques performatives en Afrique subsaharienne*, dans Coulon Virginia et Xavier Garnier (dir.), *Les littératures africaines. Textes et terrains*, Paris, Karthala, 2011, pp. 15-30.

Mufwene Salikoko S., *The Ecology of Language Evolution*, Cambridge, Cambridge University Press, 2001.

Mufwene Salikoko S. et Cécile Vigouroux, *Colonisation, mondialisation et vitalité du français*, Paris, Odile Jacob, 2014.

Ngalasso-Mwatha Musanji (dir.), *L'imaginaire linguistique dans les discours littéraires, politiques et médiatiques en Afrique*, Pessac, Presses Universitaires de Bordeaux, 2011.

Niklas-Salminen Aïno, *La lexicologie*, Paris, Colin, 2015.

Nkuliyingoma Jean-Baptiste, *Rwanda : le pouvoir à tout prix*, Paris, L'Harmattan, 2013.

Nkunzimana Obed, « La langue française au Rwanda. Chronique d'une mort programmée », *Alternative francophone*, n. 7, 2014, pp. 25-37.

Noailly Michèle, *L'adjectif en français*, Paris, Ophrys, 1999.

Nora Pierre, *Les Lieux de mémoire*, Paris, Gallimard, 3 vol., 1984, 1986, 1992.

Noumssi Gérard Marie, « Dynamique du français au Cameroun : créativité, variations et problèmes socio-linguistiques », *Le français en Afrique*, n. 19, 2004, pp. 105-117.

Ntsobé André-Marie, Edmond Biloa, Echu Georges, *Le camfranglais : quelle parlure ?* Bruxelles, Peter Lang, 2008.

Ntakirutimana Évariste, « Le français au Rwanda », *Le Français en Afrique*, n. 25, 2010, pp. 19-31.

Ntakirutimana Évariste, « La langue nationale du Rwanda : plus d'un siècle en marche arrière », *Québec : Observatoire démographique et statistique de l'espace francophone*, 2012, disponible en ligne à l'adresse https://numerique. banq.qc.ca/patrimoine/details/52327/3799230 (consulté le 23/11/2024).

Nzesse Ladislas, « Le français au Cameroun : d'une crise sociopolitique à la vitalité de la langue française », *Le français en Afrique*, n. 24, 2009, pp. 1-168.

Padiglione Vincenzo, « Let the silent history be told », *Fractal : Revista de Psicologia*, n. 28, 2016, pp. 181-186.

Piebop Gisèle, *Structure et représentations du camfranglais à Buéa*, dans Siebetcheu R., Machetti S. (dir.), *Le camfranglais dans le monde global : contextes migratoires et perspectives sociolinguistiques*, Paris, L'Harmattan, 2019, pp. 217-241.

Ploog Katja, *Le français à Abidjan. Pour une approche syntaxique du non-standard*, Paris, CNRS Éditions, 2002.

Poirier Claude, *Les variantes topolectales du lexique français : propositions de classement à partir d'exemples québécois*, dans Francard Michel et Danièle Latin, *Le régionalisme lexical*, Louvain-la-Neuve, Duculot, 1995, pp. 13-56.

Poirier Claude, « La dynamique du français à travers l'espace francophone à la lumière de la base de données lexicographique panfrancophone », *Revue de Linguistique romane*, n. 275-276, 2005, pp. 483-516.

Preite Chiara, *Aspects sociolinguistiques et fonctions rhétoriques du langage rap en France*, dans Wojciechowska Barbara (sous la dir. de), *De la musique avant toute chose*, Paris, L'Harmattan, 2014, pp. 153-168.

Pruvost Jean, « Quelques concepts opératoires à promouvoir au seuil du XXIe siècle », *Études de Linguistique Appliquée*, n. 137, 2005, pp. 7-37.

Pruvost Jean, *Les dictionnaires français. Outils d'une langue et d'une culture*, Ophrys, Paris, 2006.

Pruvost Jean, « Quelques perspectives lexicographiques à mesurer à l'aune lexi-culturelle », *Études de Linguistique Appliquée*, n. 154, 2009, pp. 137-153.

Pruvost Jean, *Nos ancêtres les Arabes*, Paris, Lattès, 2017.

Queffélec Ambroise, *Alternances codiques et français parlé en Afrique*, Aix-en-Provence, Publications de l'Université de Provence, 1998.

Queffélec Ambroise, « Les parlers mixtes en Afrique subsaharienne franco-phone », *Le français en Afrique*, n. 22, 2007, pp. 277-291.

Raschi Nataša, *Langue française et presse africaine*, Roma, Aracne, 2010.

Raschi Nataša, « Le voyage des mots, de l'Afrique à la langue française », *La Torre di Babele*, n. 13, 2017, pp. 185-205.

Raschi Nataša, *Le langage du rap en nouchi*, dans Floquet Oreste (éd.), *Aspects linguistiques et sociolinguistiques des français africains*, Roma, Sapienza Università Editrice, 2018, pp. 121-139.

Raschi Nataša, « Le camfranglais comme exemple de parler jeune », *Studies in African Languages and Cultures*, n. 53, 2019, pp. 57-68.

Réra Nathan, *Rwanda, 1994-2014 : la photographie à l'épreuve des cadavres. Une anthropologie des images du génocide des Tutsi*, dans Guilaine Jean et Jacques Sémelin (dir.), *Violences de guerre, violences de masse*, Paris, La Découverte, 2016, pp. 297-314.

Rey Alain, *Le Voyage des mots, de l'Orient arabe et persan vers la langue française*, Paris, Éditions Guy Trédaniel, 2013.

Rey-Debove Josette, *Étude linguistique et sémiotique des dictionnaires français contemporains*, The Hague, Mouton, 1971.

Rézeau Pierre (dir.), *Richesses du français et géographie linguistique*, Bruxelles, De Boeck Supérieur, 2007.

Rurangirwa Straton, « Réflexions sur l'actuel conflit français-anglais au Rwanda », *Synergies Afrique des Grands Lacs*, n. 3, 2014, pp. 165-178.

Sande Hannah, *Nouchi as a Distinct Language : The Morphological Evidence*, dans Kramer Ryth et al. (ed.), *Selected Proceedings of the 44th Annual Confe-rence on African Linguistics*, Somerville, Cascadilla Proceedings Project, 2015, pp. 243-253.

Saussure Ferdinand de, *Cours de Linguistique Générale*, Paris, Payot, 1995 [1916].

Schmitt Christian, *L'emprunt du français aux langues africaines*, dans AA. VV., *Langues et Cultures. Mélanges offerts à Willy Bal*, Louvain-la-Neuve, Cahiers de Linguistique de l'Institut de Louvain, 1984, pp. 203-216.

Siebetcheu Raymond, Sabrina Machetti (dir.), *Le camfranglais dans le monde global : contextes migratoires et perspectives sociolinguistiques*, Paris, L'Harmattan, 2019.

Smith Pierre, « Aspects de l'esthétique au Rwanda », *L'Homme*, n. 96, 1985, pp. 7-22.

Sol Amougou Marie-Désirée, *Minoration linguistique. Causes, conséquences et thérapies*, Paris, L'Harmattan, 2018.

Tabi-Manga Jean, *Les politiques linguistiques au Cameroun*, Paris, Karthala, 2000.

Tapé J.G., « Rap ivoirien : on se marche sur les pieds », *L'Intelligent d'Abidjan*, 23 juin 2013, s.p.

Taronna Annarita, *The languages of the ghetto*, Roma, Aracne, 2005.

Telep Suzie, « Le camfranglais sur Internet : pratiques et représentations », *Le français en Afrique*, n. 28, 2014, pp. 27-145.

Thiam Ndiassé, « La variation sociolinguistique du code mixte wolof-français à Dakar : une première approche », *Langage et société*, n. 68, 1994, pp. 11-34.

Todorov Tzvetan, *Les abus de la mémoire*, Paris, Arléa-Seuil, 1995.

Tsofack Jean-Benoît, « (Dé)nominations et constructions identitaires au Cameroun », *Cahiers de sociolinguistique*, n. 11, 2006, pp. 101-115.

Tuvuzimpundu Joséphine, *La place du français dans le système éducatif du Rwanda, anglophone depuis 2008*, dans Ngalasso-Mwatha Musanji (dir.), *Le français et les langues partenaires : convivialité et compétitivité*, Bordeaux, Presses Universitaires de Bordeaux, 2014, pp. 65-87.

Valdman Albert, *Le français hors de France*, Paris, Champion, 1979.

Verlinde Serge, Thierry Selva, Jean Binon, « Quelques concepts opératoires à promouvoir au seuil du XXIe siècle », *Revue française de linguistique appliquée*, n. X, 2005, pp. 19-30.

Viart Dominique, « Gammes de mémoire », *Carnets*, n. 26, 2023, disponible en ligne à l'adresse http://journals.openedition.org/carnets/14829 (consulté le 23/11/2024).

Walter Henriette, *L'Aventure des mots français venus d'ailleurs*, Paris, Laffont, 1997.

Wilmet Marc, *Grammaire critique du français*, Louvain-la-Neuve, Duculot-Hachette Supérieur, 1997.

Yao Sévérin Kouamé, « Nouchis, ziguéhis et microbes d'Abidjan : déclassement et distinction sociale par la violence de rue en Côte d'Ivoire », *Politique africaine*, n. 148, 2017, pp. 89-107.

Zadi Zaourou Bernard, *Les Sofas*, suivi de *L'Œil*, Paris, P.J. Oswald, 1975.

Zang Zang Paul, « La dégermanisation du Cameroun », *Revue électronique internationale des sciences du langage*, n. 14, 2010, pp. 79-104.

Zang Zang Paul, *Du français en Afrique au(x) français d'Afrique : quel(s) parcours ?*, dans Floquet Oreste (dir.), *Aspects linguistiques et sociolinguistiques des français africains*, Roma, Sapienza Università Editrice, 2018, pp. 2-19.

Zang Zang Paul, *Le problème anglophone au Cameroun et la question de l'avenir de la langue française en Afrique*, dans Celani Simone, Chiara Celata e Oreste Floquet (dir.), *Lingue Romanze in Africa*, Roma, Sapienza Università Editrice, 2021, pp. 127-152.

Dictionnaires

Académie française, *Dictionnaire de l'Académie française*, 9e édition, Paris 2024, https://www.dictionnaire-academie.fr/9e_edition.html

IFA (Équipe coordonnée par D. Racelle-Latin), *Inventaire des particularités lexicales du français en Afrique Noire*, Paris-Vanves, EDICEF/AUF, Paris 2004 (3e édition).

Poirier Claude (sous la direction de), *BDLP (Base de Données Lexicographiques Panfrancophone)*, Montréal 2004, http://www.bdlp.org/

Rey Alain (sous la direction de), *Le Robert Dictionnaire historique de la langue française*, Dictionnaires Le Robert, Paris 1998, 3 tomes.

Rey-Debove Josette et Alain Rey (sous la direction de), *Le Petit Robert*, Dictionnaires Le Robert, Paris 2024.

Robert Paul et Alain Rey (dir.), *Le Grand Robert de la langue française* (version électronique), Le Robert / Bureau van Dijk, Paris-Bruxelles 2023.

Trésor de la Langue Française informatisé (TLFi), http://atilf.atilf.fr/

Discographie[1]

Alpha Blondy, *Révolution*, 1987
Roche Bi, *PDG des namas*, 1991
Bilé Didier et Les parents du campus, *Gboglo Koffi*, 1991
Yodé et Siro, *Paris*, 2000
Magic System, *Premier gaou*, 2000
Nash, *Première djandjou*, 2002
Collectif Molière, *Préservons le pays*, 2003
Krotal, *Jamais*, 2003
Koppo, *Si tu vois ma go*, 2004
Koppo, *Emma*, 2004
Krotal, *On passe à l'acte*, 2004
Billy-Billy, *Allons à Wassakara*, 2007
Garba 50, *Africa*, 2008
Valsero, *Ne me parlez plus du Cameroun*, 2008
Valsero, *Qui sont ces jeunes*, 2008
Valsero, *Lettre au président*, 2008
Valsero, *Ce pays tue les jeunes*, 2008
Garba 50, *Survivant*, 2009
Krotal, *Tara*, 2009
Garba 50, *C'est l'argent qui fait tout*, 2010
Garba 50, *Côte d'Ivoire Kabako*, 2010
Infarktus, *Apocalypse*, 2010
Valsero, *Hold up*, 2010
Valsero, *Va voter*, 2010
Garba 50 (avec Nash), *Bengué drama*, 2011
Infarktus, *Femme forte*, 2011
Krotal, *La BO de nos lifes*, 2011
X-Maleya, *Il n'y a plus moyen*, 2011
Valsero, *Freedom*, 2012
Billy-Billy, *La lettre au Président*, 2013
Enow Stanley, *Hein père*, 2013
Garba 50, *Abidjan*, 2013
Guyzo le Choco, *Footballeur*, 2013

---

1 La discographie a été composée en suivant l'ordre chronologique.

Krotal, *Excellent*, 2014
Nash, *Panpanly ivoire*, 2014
Enow Stanley, *Work hard*, 2015
Locko, *That nana*, 2015
Locko, *Ndutu*, 2015
Kiff No Beat, *Gor la montagne*, 2016
Valsero, *Bamenda*, 2016
X-Maleya, *Doumba*, 2016
X-Maleya, *Mariage*, 2016
Locko, *Je serai là*, 2017
Koppo, *Gromologie*, 2017
Enow Stanley, *Glory*, 2019
Didi B, *Ya pas l'argent dedans*, 2020
Enow Stanley, *Tu vas lire l'heure*, 2020
Didi B, *Game de djai*, 2022

Index des noms

Abidjan City Breakers, 43
Aboa Abia Alain Laurent, 38, 97
Abolou Camille Roger, 53, 97
Abouet Marguerite, 42, 97
Adjoumani Kobenan Kouassi, 11, 13
Adom Marie-Clémence, 97
Agalawal, 11
Ahua Blaise Mouchi, 39, 40, 97
Alembert Jean Le Rond d', 90
Al Mighty, 15
Amedegnato Sénamin Ozouf, 20, 23, 97
Andriot-Saillant Caroline, 47, 97
Andronache Marta, 77, 97
Atindogbé Gratien G., 100
Atse N'Cho Jean-Baptiste, 33, 39, 97
Attruia Francesco, 98
Auzanneau Michelle, 41, 98
Awondo Patrick, 54, 98

Bailly Diégou, 42, 98
Bal Willy, 74, 86, 87, 98, 106
Bandaman Maurice, 42, 98
Bavoux Claudine, 74, 75, 98
Bédié Henri Konan, 12, 42
Benganssou Prince, 13
Beniak Édouard, 99
Beniamino Michel, 25, 100
Bertucci Marie-Madeleine, 41, 98
Beugré Mambé Robert, 11
Beyala Calixte, 79
Bilé Didier, 37, 111
Billiez Jacqueline, 99
Billy-Billy, 15, 35, 36, 40, 111
Biloa Edmond, 46, 47, 53, 98, 104
Binon Jean, 106
Bissaya Bessaya Euloge Thierry, 98
Blanc Michel, 38, 98, 101
Blondy Alpha, 12, 14, 34, 111
Blumenthal Peter, 25, 98, 99

Bohui Djédjé Hilaire, 98
Bolin Annalisa, 57, 98
Bonhomme Marc, 75, 98
Boukari, 11
Boulanger Jean-Claude, 99
Boutin Béatrice Akissi, 27, 31, 42,
  43, 99
Brancaglion Maria Cristina, 98
Bruguière Jean-Louis, 16, 61
Buffon, Georges-Louis Leclerc comte
  de, 78
Bulot Thierry, 99

Calvet Louis-Jean, 38, 91, 99
Camara Kandia, 11
Caubet Dominique, 99
Celani Simone, 99, 107
Celata Chiara, 99, 107
Chaleard Jean-Louis, 33, 99
Chaudenson Robert, 22, 25, 31, 99
Collectif Molière, 37, 111
Compaoré Blaise, 44
Cormier Monique C., 99
Coseriu Eugenio, 25, 99
Coty Pierre-Marie, 36
Coulon Virginia, 103
Courbon Bruno, 99
Creissels Denis, 82, 99

Dahico Adama, 11
Dallaire Roméo, 64
De Féral Carole, 47, 48, 50, 99, 100
Demaria Cristina, 56, 100
Depecker Loïc, 79, 100
Deperpignan, 11
Derive Jean, 32, 34, 100
Derive Marie-Jo, 32, 34, 100
De Robillard Didier, 25, 100
Devilla Lorenzo, 100

Diabaté Massa Makan, 85
Diallo Boubacar, 43
Diarra Samba, 33, 100
Diderot Denis, 90
Didi B, 15, 112
Diome Fatou, 81
Diouf Abdou, 12, 17, 42
Dissake Endurence Midinette Koumassol, 52, 100
Dodo Jean-Claude, 102
Dozon Jean-Pierre, 34, 100
Drogba Didier, 12, 37
Dubois Jean, 86, 100
Dumas Hélène, 63, 100
Durand Jacques, 97

Ebongue Augustin Emmanuel, 49, 50, 51, 52, 100
Echu Georges, 47, 104
Ekra Mathieu Vangah, 36
Eloundou Venant Eloundou, 100
Enow Stanley, 51, 52, 111, 112
Erkwen Edwin, 54
Erny Pierre, 58, 59, 100
Esprit de Yop, 18
Ethé Ndibnu Messina J., 48, 101

Feussi Valentin, 47, 49, 54, 101
Feynman Richard P., 91
Floquet Oreste, 27, 99, 101, 105, 107
Fonkoua Hector Kamdem, 101
Fonkoua Paul, 49, 50, 51, 100
Fosso F., 46, 101
Fouine (La), 44
Francard Michel, 104
Francœur Aline, 99
François Iᵉʳ, 26

Gadet Françoise, 25, 31, 34, 39, 41, 43, 87, 101
Galisson Robert, 74, 101
Garba 50, 15, 35, 36, 37, 38, 39, 40, 111

Garnier Xavier, 103
Gauvin Lise, 101
Gbagbo Laurent, 12, 13, 35, 37
Gisa Nathalie Sala, 18
Glez Dominique, 101
Guilaine Jean, 105
Guiraud Pierre, 73, 101
Guyzo le Choco, 36, 37, 38, 41, 111

Habert Benoît, 97
Habyarimana Juvénal, 16, 59
Hamers Josiane, 101
Harter A. F., 47, 101
Honke Gudrun, 57, 58, 101
Houphouët-Boigny Félix, 13, 33, 100
Hurst Ellen, 100

Infarktus, 36, 111

Jakobson Roman, 101
Johnson Boris, 71

Kadi Germain-Arsène, 11, 17, 19, 34, 35, 38, 43, 101, 102
Kagame Paul, 16, 17, 61, 67, 68, 70
Khan Shaharyar M., 62, 102
Kiessling Roland, 34, 102
Kiff No Beat, 15, 36, 112
Klinkenberg Jean-Marie, 74, 87, 89, 92, 102
Koppo, 51, 52, 111, 112
Korman Rémi, 63, 65, 66, 69, 100, 102
Kouabena Théodore, 102
Kouacou N'Goran Jacques, 102
Kouadio Jérémie N'Guessan, 18, 32, 33, 39, 40, 42, 43, 99, 102
Kouadio Kobenan N'guettia Martin, 42, 102
Kourouma Ahmadou, 43, 103
Kramer Ryth, 105
Krotal, 51, 52, 53, 111
Kube Sabine, 103

Labov William, 25, 103
Lafage Suzanne, 80, 103
Laks Bernard, 97
Lasserre Frédéric, 68, 69, 103
Leca Mercier Florence, 103
Leglise Isabelle, 99
Lehmann Alise, 103
Lerat Pierre, 74, 103
Lesacher Claire, 103
Locko, 51, 112
Londres Albert, 76
Losch Bruno, 34, 103
Loti Pierre, 85
Lotman Youri M., 56, 103
Ludwig Ralph, 25, 31, 34, 39, 43, 87,
    101

Machetti Sabrina, 87, 104, 106
Macron Emmanuel, 17, 26, 64
Magic System, 14, 38, 111
Magnific (Le), 11
MAM, 15
Manga Jean-Marcellin, 54, 98
Martin-Berthet Françoise, 103
Martinet André, 25, 103
Martinez Camille, 99
Mbonimana Gamaliel, 59, 103
Merle Jean-Marie, 40, 103
Mesas Thierry, 103
Miller Catherine, 99
Moinard Séverine, 18
Moreau Marie-Louise, 98
Mougeon Raymond, 99
Moulard-Kouka Sophie, 103
Mouss Maarten, 34, 102
Mufwene Salikoko S., 25, 26, 27, 53,
    89, 103
Mushikiwabo Louise, 16, 17, 56, 70

Nakamura Aya, 22
Nash, 36, 37, 38, 39, 40, 111, 112
Negri Antonella, 93, 95

Newton Isaac, 90
Ngalasso-Mwatha Musanji, 26, 28,
    102, 104, 106
Niklas-Salminen Aïno, 104
Nkuliyingoma Jean-Baptiste, 61, 69,
    104
Nkunzimana Obed, 55, 59, 60, 61, 71,
    104
Noailly Michèle, 83, 104
Nora Pierre, 56, 62, 104
Noumssi Gérard Marie, 104
Ntsobé André-Marie, 47, 104
Ntakirutimana Évariste, 59, 60, 104
Nzesse Ladislas, 45, 46, 48, 49, 50, 104

Ouattara Alassane, 12, 13, 19, 35, 42
Oubrerie Clément, 42, 97

Padiglione Vincenzo, 66, 104
Pango Pierre-Michel, 36
Parents du campus (Les), 18, 37, 111
Peltier Elian, 14
Piebop Gisèle, 51, 104
Ploog Katja, 34, 35, 40, 104
Poirier Claude, 25, 73, 74, 104, 109
Preite Chiara, 105
Pruvost Jean, 74, 87, 105

Queffélec Ambroise, 35, 46, 98, 105
Quemada Bernard, 74

Racelle-Latin Danièle, 74, 104, 109
Rap Kenny, 44
RAS, 44
Raschi Nataša, 13, 14, 15, 16, 17, 19,
    20, 22, 27, 31, 45, 73, 105
Réra Nathan, 105
Rey Alain, 73, 87, 105, 109
Rey-Debove Josette, 74, 105, 109
Rézeau Pierre, 105
Roche Bi, 14, 36, 37, 38, 40, 44, 111
Rurangirwa Straton, 60, 105

Sadji Abdoulaye, 76
Sande Hannah, 39, 105
Sans Soi, 15
Sarkozy Nicolas, 64
Saussure Ferdinand de, 89, 106
Schmitt Christian, 73, 106
Selva Thierry, 106
Sembène Ousmane, 78, 85
Sémelin Jacques, 105
Senghor Léopold Sédar, 81
Siebetcheu Raymond, 87, 104, 106
Siro, 111
Smith James, 63
Smith Pierre, 57, 70, 106
Smith Stephen, 63
Smokey, 44
Sol Amougou Marie-Désirée, 54, 106
Sramski Sandra, 97
Stan Catinca Adriana, 68, 69, 103
Stanley Enow, 51, 52, 111, 112
Steien Guri Bordal, 27, 99
Stevo, 15
Système gazeur, 18

Tabi-Manga Jean, 106
Tapé J.G., 34, 106
Taronna Annarita, 34, 106
Telep Suzie, 106

Thiam Ndiassé, 48, 106
Todorov Tzvetan, 57, 106
Tsofack Jean-Benoît, 45, 106
Tuvuzimpundu Joséphine, 60, 106

Valdman Albert, 25, 106
Valsero, 51, 52, 53, 111, 112
Van den Avenne Cécile, 27, 99
Verhofstadt Guy, 64
Verlinde Serge, 74, 106
Viart Dominique, 69, 106
Vigouroux Cécile, 27, 103
Violi Patrizia, 56, 100

Walter Henriette, 25, 73, 103, 106
Wilmet Marc, 25, 106
Wiltzer Pierre, 17
Wojciechowska Barbara, 105

X-Maleya, 52, 53, 111, 112

Yao Sévérin Kouamé, 107
Yodé, 18, 111
Youant Yves-Marcel, 102

Zadi Zaourou Bernard, 42, 107
Zang Zang Paul, 28, 45, 92, 107
Zogbo Yves Junior, 14, 44

Interkulturelle Begegnungen.
Studien zum Literatur- und Kulturtransfer
Herausgegeben von Rita Unfer Lukoschik und Michael Dallapiazza

Die Bände 1-12 sind im Martin Meidenbauer Verlag erschienen und können über den Verlag Peter Lang, Internationaler Verlag der Wissenschaften, bezogen werden: www.peterlang.de.

Ab Band 13 erscheint diese Reihe im Verlag Peter Lang, Internationaler Verlag der Wissenschaften, Berlin.

Band 13 Corinna Ott: Zu Hause schmeckt's am besten. Essen als Ausdruck nationaler Identität in der deutsch-türkischen Migrationsliteratur. 2012.

Band 14 Maria Elisa Montironi: Riscritture tedesche del *Coriolanus* di Shakespeare (1609-1951). Ricezione politica e politica della ricezione. 2013.

Band 15 James Orao: Selbstverortungen. Migration und Identität in der zeitgenössischen deutsch- und englischsprachigen Gegenwartsliteratur. 2014.

Band 16 Arianna Di Bella: SAID – Ein Leben in der Fremde. 2014.

Band 17 Lilli Gebhard: Identitätskonstruktionen russlanddeutscher Mennoniten im Spiegel ihrer Literatur. 2014.

Band 18 Roberta Mullini: Healing Words. The Printed Handbills of Early Modern London Quacks. 2015.

Band 19 Joëlle Stoupy: La littérature française dans *Betrachtungen eines Unpolitischen* (1918) de Thomas Mann. 2015.

Band 20 Irene Fantappiè: L'autore esposto. Scrittura e scritture in Karl Kraus. 2016.

Band 21 Michael Dallapiazza/Stefano Ferrari/Paola Maria Filippi (cur./Hrsg.): La brevitas dall'Illuminismo al XXI secolo / Kleine Formen in der Literatur zwischen Aufklärung und Gegenwart. Scritti in onore di Giulia Cantarutti / Festschrift für Giulia Cantarutti. 2016.

Band 22 Peter Cullen/Maria Elisa Montironi (eds.): Teaching Business Culture in the Italian Context. Global and Intercultural Challenges. 2016.

Band 23 Maria-Christina Mur: The Physiognomical Discourse and European Theatre. Theory, Performance, Dramatic Text. 2017.

Band 24 Mu Gu: Fremderfahrung als Selbstreflexion. Goethes „Die Leiden des jungen Werther" in China (1922–2016). 2018.

Band 25 Heike Flemming: Zum Wandel der Erinnerung an den Holocaust in der ungarischen Literatur. Am Beispiel von Imre Kertész und László Márton. 2018.

Band 26 Elena Stramaglia: Il peso del mondo e la scrittura in frammenti. Poetica della percezione e della lingua in „Das Gewicht der Welt" di Peter Handke. 2018.

Band 27 Chiara Marotta: Klaus Mann – A European-American Author. 2019.

Band 28 Michael Dallapiazza: Ideologiekritik und Wirkungsgeschichte. Ausgewählte Essays. 2020.

Band 29 Romuald Valentin Nkouda Sopgui: Migration et contact culturel. Problématique de la transculturation chez les écrivains de la diaspora africaine en Allemagne, en France et en Angleterre (1980-2011). 2021.

Band 30 Antonella Negri: Personnages de l'Europe littéraire : Maugis/Malagigi. Racines, mutations et survivances du topos du larron-enchanteur. 2022.

Band 31 Kunlyu Hong: Übersetzung der literarischen Körpersprache vom Chinesischen ins Deutsche am Beispiel des Liaozhai zhiyi 聊齋誌異. 2024.

Band 32 Rita Unfer Lukoschik: Stefan Zweigs Novelle Brief einer Unbekannten (1922) und ihre mediale Rezeption (1929–2017) : Begegnungen. 2024.

Band 33 Nataša Raschi: Dynamiques de la langue française en Afrique subsaharienne. 2025.

www.peterlang.com

ℓ